HÖCHSTE
ZEIT

IMPRESSUM

Bibliografische Information der Deutschen Nationalbibliothek
Die Deutsche Nationalbibliothek verzeichnet diese Publikation in der Deutschen Nationalbibliografie; detaillierte bibliografische Daten sind im Internet über http://dnb.d-nb.de abrufbar.

1. Auflage 2010

Interviews und Texte: Gabi Weiss
Redaktionelle Mitarbeit: Anna Neubauer
Lektorat: Sonja Franzke, vielseitig.co.at
Grafische Gestaltung: Andrés González Torrejón, cremefresh.at

Druck und Bindung: Grasl Druck & Neue Medien, Bad Vöslau

ISBN 978-3-85033-426-6

Christian Brandstätter Verlag
GmbH & Co KG
A-1080 Wien, Wickenburggasse 26
Telefon (+43-1) 512 15 43-0
Telefax (+43-1) 512 15 43-231
E-Mail: info@cbv.at
www.cbv.at

GABI **WEISS**

HÖCHSTE ZEIT

DIE UHR NACH SICH SELBST ZU STELLEN

INHALTS-VERZEICHNIS

QUARTZ

TCM

ICH MUSS! ICH MUSS! ICH MUSS! MUSS ICH?

Ist Ihnen schon einmal aufgefallen, dass alle Leute, die hektisch herumlaufen, mit hängender Zunge und einem Leuchten in den Augen sagen: Ich muss. „Die müssen alle, stellen Sie sich das einmal vor", sagt Zeitforscher Karlheinz A. Geißler. Und er ist sehr amüsiert. „Ich muss" gibt den Takt vor. Selten den eigenen. Oft den der anderen. Und der ist meist schnell, schneller, am schnellsten. „Es ist", sagt Geißler, ein Ausdruck all jener, die die „Moglichkelten der Freiheit nicht begreifen wollen oder können".

„Ich muss" hat aber auch etwas Faszinierendes – daher das Leuchten in den Augen. „Ich muss" ist das Synonym für „Ich bin". Und zwar: Ich bin wichtig. Ich bin sehr wichtig. Mich übersieht keiner. Die Schlussfolgerung liegt nahe und ist fatal: Wir lieben, was uns fertig macht - die Eile. Sie ist unser Statussymbol. Menschen, die sich nicht hetzen, sind suspekt. Wahrscheinlich sind sie arbeitslos oder unproduktiv. Der Gedanke, dass sie ihren eigenen Rhythmus gefunden haben und sich von dem durch nichts, aber auch gar nichts abbringen lassen, der kommt uns gar nicht in den Sinn. Immer noch glauben wir, es sei ein Privileg der Herrschenden, Ruhe und Gelassenheit auszustrahlen. Und wir? Wir laufen starr nach Plan, nach Takt, nicht nach Rhythmus. Sind überzeugt davon, dass Zeitpläne unser Leben bestimmen. Und uns sagen, wann wir ausruhen, arbeiten oder feiern sollen. So viel Ordnung, so wenig Zeit. Muss das sein?

KARLHEINZ A. GEISSLER

ALLE ZEIT DER WELT

Wer keine Zeit hat, nimmt sich keine Zeit für sich – davon ist Zeitforscher Karlheinz A. Geißler überzeugt. Wer Zeit sparen will, der spart an Lebenserfahrungen, an Genuss, an sich selbst. Geißlers Lösung heißt enthetzen, verzichten und wissen, wann genug ist.

Mit der lieben Zeit haben wir unsere liebe Not. Nie bekommen wir genug von ihr. Immer möchten wir sie einsparen, managen, strukturieren, planen, einteilen und auf jeden Fall: mehr von ihr haben. Wir hetzen ihr nach und wundern uns, dass je schneller wir laufen, auch die Zeit ihr Tempo erhöht. Zur Zeit fällt uns meist nur ein modernes Klagelied ein. Ein Mantra, das wir ständig auf den Lippen tragen. Und das wir im Schlaf beherrschen: Ich habe keine Zeit. Ich habe keine Zeit. Ich habe keine Zeit.

„Wer behauptet, er habe keine Zeit, hat in Wahrheit keine Zeit für sich. Wer versteht, dass es immer um einen selbst geht, wenn es um Zeit geht, hat viel verstanden“, sagt Karlheinz A. Geißler, Zeitforscher, Wirtschaftspädagoge und Mitbegründer der deutschen Gesellschaft für Zeitpolitik. Die Behauptung steht im Raum, Widerspruch ist zwecklos, denn Geißler kann sie untermauern. Stundenlang. Tagelang. Er hat Zeit. Und hat sich mehr als dreißig Jahre Zeit genommen, sich mit ihr zu beschäftigen. Der Stapel Bücher, den er über sie geschrieben hat, ragt mit Sicherheit einen Meter in die Höhe und belegt, was Geißler weiß. Er geht der Zeit auf den Grund, beschreibt ihr Tempo, erforscht ihren Rhythmus, entdeckt ihre Vielfalt. Und stellt fest, wie schändlich wir mit ihr umgehen. Wie wir uns ihrem Takt beugen. Wie wir sie mit unnützen Dingen totschlagen. Schade um die Zeit, kann man da nur sagen.

Geißler gehört zu den Langsamen unserer Zeit. Zu jenen, die wohl am öftesten im Leben überholt worden sind – sagt er über sich. Im Alter von fünf Jahren erkrankte er an Kinderlähmung, seitdem kann er nicht mehr richtig beschleunigen. „So wurde ich auf die Tribüne dieser Welt verwiesen und schaue mir an, wie alle rennen und hetzen", sagt der Professor seelenruhig. Er findet es eher amüsant, wie sehr wir das lieben, was uns krank macht: die Eile.
Der Zeitforscher geht mit seiner Zeit souverän um und passt sie seinem Lebensrhythmus an. Er teilt sich seine Arbeit als Wirtschaftspädagoge und Hochschulprofessor so ein, dass es ihm damit gut geht, nimmt sich Gleitzeit und alle drei Jahre eine Auszeit. Da geht er dem Phänomen des Keine-Zeit-Habens auf den Grund, bringt die Erkenntnisse in Buchform, verkündet sie in Seminaren und lässt seine Studenten daran teilhaben. Diese werden dann vor eine heikle Aufgabe gestellt: Sie müssen Bildungsveranstaltungen organisieren und dürfen unter der Bedingung „Zeit ist Geld" so tun, als ob Zeit keine Rolle spielt. „Hier prallen zwei Welten aufeinander: Die betriebswirtschaftliche und die pädagogische. Diesen Widerspruch müssen sie produktiv umsetzen." Damit sie nicht scheitern, klärt Geißler sie über die unterschiedlichen Zeitrhythmen auf. Ökonomisches Handeln hat einen anderen Rhythmus als Lernen, ist vom Takt getrieben, lässt sich beschleunigen und verkürzen. Hohes Tempo steht für hohe

Produktivität – so einfach ist die Rechnung. Lernen hingegen ist rhythmisch organisiert – schließlich ist und bleibt der Mensch ein Teil der Natur. „Den eigenen Rhythmus können Sie nur zum Teil beschleunigen. Denn bald entsteht daraus ein anderer, einer, der nicht mehr Ihrem entspricht. Wer weiter und weiter beschleunigt, bricht irgendwann zusammen, landet beim Burn-out, erleidet einen Herzinfarkt. Und das ist auch nichts anderes als ein Zeitinfarkt."

Viele glauben nun, die Lösung hieße: Weg vom Gas, alles verlangsamen und fertig. *Doch für Geißler hat die Zeit viele Facetten: Sie ist schnell, sie ist langsam, sie macht Pausen und Wiederholungen. Sein Ideal ist es, die Vielfalt der Zeit zu leben und nicht nur die Schnelligkeit oder die Langsamkeit.* Geißler verweist dabei auf den Rhythmus in der Musik. Wolfgang Amadeus Mozart hat zwischen schnell und langsam dreiundzwanzig unterschiedliche Tempi gesehen. Diese Tempi wechseln sich ab, bauen sich auf, beschleunigen, werden langsamer, gehen ineinander über. Zeitvielfalt nennt Geißler dieses natürliche Phänomen. Er liebt die Übergänge und nicht nur die Schwarz-Weiß-Ansichten. Die gute Nachricht: Die Vielfalt der Tempi steckt in uns Menschen. Das ist unser natürlicher Rhythmus. Wir müssen ihm nur wieder Zeit einräumen und ihn zulassen. Intervalle, Pausen und Leerräume – nicht nur in der Musik – lassen uns einen Rhythmus überhaupt erst wahrnehmen. Rhythmus ist etwas Lebendiges, Individuelles, hat eine unglaubliche Vielfalt. Und die können wir nutzen. Ein Beispiel ist die Gleitzeit: Dann zu arbeiten, wenn es dem eigenen Rhythmus, der inneren Uhr entspricht. Wenn man wach, ausgeschlafen und fit ist. Das erhöht nicht nur den Spaß an der Arbeit, sondern auch die Produktivität, und funktioniert nach dem Erfolgsprinzip: zwei Fliegen auf einen Schlag. Ein anderes Beispiel: Pausen einlegen und damit zur Besinnung kommen, abwarten können, reflektieren. „Die Elemente, die in der Pause drinnen sind, gehen verloren, wenn man auf Nonstop getrimmt ist", weiß Geißler. *In der Pause liegt ein großes Potenzial. Darin finden wir die Möglichkeit der Korrektur und jede Menge Platz für unseren Hausverstand, für unser Bauchgefühl.*

Die Freiheit, über unsere Zeit zu entscheiden, war noch nie so groß wie heute. Wir können ein Jahr Auszeit nehmen, eine Weltreise machen, am Samstag statt am Mittwoch, am Abend statt am Nachmittag arbeiten. Die Frage dabei ist nur, von welchen Maßstäben wir uns leiten lassen, wenn wir über unsere Zeit entscheiden. Wer das an den Faktor „Zeit ist Geld" oder an Reichtum koppelt, kommt wahrscheinlich unter Zeitdruck. Und kann in das Lied „Ich habe keine Zeit" einstimmen. „Wir haben natürlich nie zu wenig Zeit, es kommt ja immer neue nach", widerspricht

Geißler und deutet mit dem Finger auf einen wunden Punkt: „Wir haben nur zu viel zu tun." Die Frage ist daher: Was kann ich dagegen tun, dass ich so viel zu tun habe? Die Antwort ist einfach und heißt: verzichten. Darauf verzichten, noch mehr Geld zu verdienen und noch mehr zu konsumieren. Verzicht ist eine der Tugenden, die uns aus dem Teufelskreis rausholen können. „Verzichten muss man sowieso, denn es gibt viel zu viele Möglichkeiten im Leben, man muss sich für ein paar davon entscheiden. Sonst wird das Leben eine einzige Hetzerei", so Geißler.
Der zweite wunde Punkt lautet: Wann ist genug? „Wer Zeit in Geld umrechnet, hat nie genug. Denn Geld kann man nie genug haben. Das ist die Falle. Deshalb ist Wachstum eine Verführung, mittlerweile schon eine boshafte Verführung. Ich hab überhaupt kein Problem mit Wachstum, gleichzeitig bitte ich doch zu hinterfragen: Wann ist denn genug? Und wenn es genug ist, dann lass uns doch ein Jahr gar nicht wachsen und uns darüber freuen, was wir erreicht haben. Aber nein, die Devise heißt: wachsen, wachsen, wachsen. Ein Hamsterrad." *Die zwei Fragen „Worauf verzichte ich?" und „Wann ist genug bei den Dingen, die ich nutze?" sind die Kriterien, die weiterhelfen, um sich zu entschleunigen, um sich zu enthetzen, um genügend Zeit für sich zu haben.* Das sind die Grundvoraussetzungen. Das sind Entscheidungen, die das Leben verändern können.

Wie geht man nun am besten mit seiner Zeit um? „Indem man sie auch mal auf sich zukommen lässt und nicht immer meint, mit der Zeit etwas anstellen zu müssen. Indem man die Zeit zu sich einlädt, ein freundschaftliches Verhältnis zu ihr entwickelt. Indem man versucht, nach seiner eigenen Natur zu leben, und herausfindet, was einem gut tut. Dann gibt es viele gute Zeiten. Und indem man am besten in unterschiedlichen Rhythmen lebt: die Langsamkeit und die Schnelligkeit, die Stabilität und die Flexibilität. *Ich genieße heute mehr als früher, der Zeit zuzusehen, wie sie vergeht. Das kann ich nur empfehlen*", *so der Zeitforscher.*

„ANGESICHTS DER KÜRZE UN-
SERES LEBENS IST ES MEHR ALS VERWUNDER-
LICH, DASS WIR UNS NICHT MEHR ZEIT ZUM LEBEN NEHMEN."

ERNST FERSTL

ROTRAUD A. PERNER

ZEIT DER LIEBE

„Heute schon geliebt?“, fragt Univ.-Prof. Dr. Rotraud A. Perner und meint dabei jenes Gefühl der Liebe, das Zeit braucht, um wahrgenommen zu werden. Das in Kindheitserinnerungen steckt und in den schönen Momenten des Lebens. Das Kraft gibt und Selbstwert schafft: die Selbstliebe.

Konfrontiert man Univ.-Prof. Dr. Rotraud A. Perner mit der Aussage von Zeitforscher Karlheinz A. Geißler „Wer keine Zeit hat, nimmt sich keine Zeit für sich", schüttelt sie bloß den Kopf. Und widerspricht, so wie es ihre Art ist, resolut und selbstbewusst. Für sie heißt das im Klartext: Ich habe mein Zeitbudget anders geplant, als du es gerne hättest. Basta. Die Psychotherapeutin weiß, was sie will, was ihr wichtig ist, und genau dafür nimmt sie sich Zeit. „Bei Menschen, die wie ich sehr viel arbeiten, läuft ein sehr schnelles und präzises Abwägen der Benefits ab. Die Bandbreite dabei ist groß, sagt Rotraud A. Perner und beginnt aufzuzählen: „Man wird für die Zwecke anderer ausgebeutet oder missbraucht. Es ist ein Tauschgeschäft. Oder sogar eine Investition in die Zukunft. Eine Bereicherung des Egos, die zwischen Eitelkeit und „Ach, wie nett, dass Sie an mich gedacht haben" liegt. Es ist zu anstrengend Nein zu sagen, also macht man es. Bis hin zu Lust, wo man den Kraftzuwachs spürt, weil man das gerne macht." Klingt einfach – aber nur, wenn man weiß, was man will. Und was nicht. „Ich bin sehr sensibel und merke genau, wenn etwas nicht passt. Das ist auch das Wesentliche meiner Lebenserfahrung: Zu spüren, ob etwas für mich stimmt oder nicht."
Kinder tragen dieses Gespür in sich, weiß Rotraud A. Perner aus ihrer sozialpädagogischen Arbeit. Werden sie ermuntert nachzuspüren, ob das, was sie gerade machen, für sie passt, fällt es ihnen

später leichter, ihrem Gefühl zu vertrauen. Eltern können ihren Kindern noch einen weiteren Gefallen tun: Sie so lieben, wie sie sind. „In der Sprache der Psychologen heißt das, „den Glanz im Auge der Mutter“ wahrzunehmen. Das ist in unserer hoch zivilisierten Welt nicht selbstverständlich“, sagt Rotraud A. Perner. Der Glaube, ohne Druck ginge gar nichts, ist weit verbreitet. „Tiefenpsychologisch sprechen wir von den Anal-Charakteren. Sie wurden von Kindesbeinen an auf Leistung trainiert und sind bereit, sich zu kasteien. Ihre Lust ist es, diszipliniert zu sein“, räumt Rotraud A. Perner ein und gesteht, dass auch sie zu dieser „Gattung“ Mensch gehört. Für Leistung gibt es Lob, so einfach ist das in unserer Gesellschaft. Doch damit schließt sich der Teufelskreis: Denn Anerkennung wird zum Treibstoff, nach dem die Hochleister lechzen und der sie zu weiteren Großtaten anspornt. Wo das hinführen kann, darf sich jeder selbst ausmalen. *Eines ist sicher: Je schneller wir leben, desto weniger sind wir in der Lage, uns zu spüren. Ein Gefühl für unseren Stress zu entwickeln. Und rechtzeitig auf die Bremse zu steigen.* Oder auch mit anderen Menschen in Beziehung zu treten, diese wahrzunehmen, sie zu erkennen.

Rotraud A. Perner kennt einen Weg, dem Schlamassel zu entkommen: „Es geht darum, dass wir unseren Kindern auch andere Werte vermitteln“, so die Psychotherapeutin. Nicht nur Leistung zählt. Auch mal den Herrgott einen guten Mann sein lassen können, spielen, musizieren, tanzen, im Garten buddeln. „Der Volksmund sagt: Wer nicht genießt, wird ungenießbar. Das stimmt auch. Wir spannen uns an, das übersäuert den Organismus und dann ist man sauer. Nicht nur organisch gesehen: Auch die Psyche ist gereizt und aggressiv." Hart arbeiten und sich anstrengen ist eine Sache – und nicht die schlechteste. Aber jede Anstrengung braucht ihre Gegenbewegung und gehört ausbalanciert, ist Rotraud A. Perner überzeugt. „Vom gesundheitsorientierten Blickwinkel aus ist es wichtig, dass man sich entspannt, dass man Dinge tut, die einem Spaß machen, die Freude bereiten. Und darauf achtet, dass die eigene Rhythmik ausgeglichen ist." Damit sie selbst die Grenze nicht übersieht, hat sie ein Sicherheitsventil eingebaut. Eines, das sie vor zu viel Arbeit schützt: ihre Managerin. Sie kann gekonnt und leichten Herzens Projekte absagen oder auf einen Zeitplan umdirigieren, der ihr ausreichend Lebensqualität lässt. Und die braucht sie, denn Perner gleicht Kopfarbeit durch Handarbeit aus. „Ich hab so meine Inseln im Tag verteilt, auf denen ich mich erholen kann", sagt sie. Stricken und Nähen stehen dabei an oberster Stelle. Genauso wie Bücherschreiben. Oder Stepptanzen während die Nachrichten laufen. Alles Dinge, die für die vielbeschäftigte Frau von hohem Wert sind. Schließlich möchte sie zwischendurch zur Ruhe kommen. „Da reinigen sich meine Gedanken, ziehen davon und ich kann mich wieder konzentrieren“, so die Psychotherapeutin. Um dann zu jenen Augenblicken im Leben zurückzukehren, wo man sagen kann: Verweile doch, du bist so schön. „Es geht doch darum, zu überlegen, ob man heute schon geliebt hat“, sagt Rotraud A. Perner und meint damit nicht das verträumte Händchenhalten eines Paares, das über die Wiese hüpft und sich anhimmelt. Es geht um das Gefühl des Liebens. Zu spüren, welche Situation liebe ich, welche möchte ich wieder fühlen. Und sich dann zu überlegen, wie man diese Momente wiederherstellen kann. Zum Beispiel in der Früh aufzustehen und sich über den neuen Tag zu freuen. Kleine Momente, die einen mit Freude erfüllen, wiederzuentdecken. Einfach so. „Wer das nicht kann, der träumt einfach davon. Dann tauchen diese Gefühle wieder auf. Man kann sie ja jederzeit aus seinem Gedächtnis abrufen. Es gibt ganz bestimmte Situationen, an die denke ich jeden Tag. Die geben mir Kraft“, so Rotraud A. Perner. Liebe im Sinne von Herzerweiterung, Lebensfreude und Selbstvertrauen ist eine Lösung, sich selbst wieder auf die Spur zu kommen. Seine echten Gefühle wahrzunehmen. Sich so zu entspannen, dass man wieder mit sich mitfühlen kann. Und mit anderen. „Mir ist es wichtig, Zeit zum Lieben zu haben. Das heißt, mit jemandem, den ich liebe, Zeit zu verbringen. Und damit meine ich nicht den Mann meines Herzens, ich meine Freunde und Menschen, die ich mag. Ich wünsche mir nichts anderes, als mit ihnen zusammenzusitzen und zu schweigen. Deswegen sind Feste so wichtig. Oder das gemeinsame Essen. Dabei kann man nicht reden. Aber den anderen mit vollem Mund anstrahlen. Und ihm zeigen, dass ich mich freue."

Wer schnell unterwegs ist, sich hetzt, spürt sich kaum. Den Körper und den Kopf kann man auf Schnelligkeit trainieren. Nicht aber seine Gefühle. Das Fühlen, Fantasieren und Wahrnehmen das geht nur langsam. Das braucht Zeit, eine gewisse Entspanntheit und das Gefühl für seinen eigenen Rhythmus. Das hat viel mit Wertschätzung und Liebe zu tun. Und mit Selbstliebe. „Die kann entstehen, wenn mich jemand erträgt, auch wenn ich Fehler mache. Wenn mir jemand liebevoll beisteht, wenn ich versagt habe. Dort, wo mir etwas gelingt, dort lerne ich keine Selbstliebe. Dort lerne ich Stolz und Selbstvertrauen. Selbstliebe lerne ich im Augenblick des Versagens. Wenn ich merke, die Liebe, die mir sonst entgegengebracht wird, hält auch, wenn ich mich danebenbenehme. Das ist echte Liebe. Humor ist, wenn man trotzdem lacht. Selbstliebe ist, wenn man sich trotzdem liebt. Ich sag das immer zu mir, wenn mir etwas nicht so gut gelingt: Ich mag mich trotzdem."

MUSSE-STUNDE

Die Zeit kann sich nicht dagegen wehren, dass wir ständig versuchen, etwas von ihr einzusparen, sie zu managen, zu ordnen, zu kontrollieren, Zeitfenster zu basteln oder sie tot zu schlagen. Doch manchmal kommt der Moment, da vergessen wir sie vollkommen. Dann nämlich, wenn unsere Gedanken und Gefühle von etwas gefesselt sind, das weit wichtiger ist, als der Zeit hinterherzulaufen. Wir sind verliebt. Oder gehen ganz in einer Tätigkeit auf, wie dem Segeln oder dem Bergsteigen. Oder wir vertiefen uns in eine Arbeit, die uns ganz erfüllt. Wer diesen Zustand schon vergessen hat, kann ihn sich mit einer Übung von Zeitforscher Karlheinz A. Geißler wieder zurückholen. Und so geht's: Man zieht sich mit Zettel und Stift an einen ruhigen Ort zurück und schreibt eine Stunde lang alles auf, was man in dieser Stunde sein lassen kann. E-Mails abrufen, Termine ausmachen, lesen, aufräumen, Sport betreiben und so weiter. Da wird eine Menge zusammenkommen. Und in der nächsten Stunde macht man genau diese Dinge nicht. Man lässt sie einfach sein. Dann könnte es einem schnell langweilig werden? Aber genau darum geht es. Langeweile auszuhalten, kann man üben. Klingt langweilig? Ist es aber nicht. Dann nämlich, wenn sich Langeweile in Muße verwandelt. Wer es schafft, die anfängliche Langeweile nicht zu vertreiben, verlängert die Übung auf zwei oder drei Stunden. Und schließlich auf einen ganzen Tag. Dinge sein zu lassen, ist eine große Kunst, eine Art Meditation. Wer das über mehrere Tage beherrscht, weil es so gut tut, hat die Zeit vergessen. Und wahrscheinlich alles andere. Nur auf eines nicht: sich.

SUSA MEYER

DIE PHILOSOPHIE DES TEILENS

Susa Meyer ist eine Schauspielerin, die Begegnungen liebt, die Fäden spinnt und Verbindungen aufbaut. Um zu teilen, was uns gemeinsam ist, und zu überbrücken, was uns trennt.

Susa Meyer ist neugierig. Auf Menschen. Auf das Besondere, das sie ausmacht. Auf das, was sich in ihnen verbirgt. Sie will ihnen begegnen, und das ganz bewusst. Ein Schauspiellehrer hat einmal zu ihr gesagt: „Das Einzige, was mich am Theater wirklich interessiert, ist die Begegnung. Man muss sich nur begegnen wollen." Susa Meyer hat sich diesen Satz fürs Leben eingeprägt.

Damit Begegnungen stattfinden können, stellt sie eine Bühne zur Verfügung, spinnt die Fäden, baut Verbindungen auf. Dann lässt sie ihre Freunde, Bekannten und Schauspielerkollegen agieren, lässt das entstehen, was entstehen soll. Ein Dachfest, bei dem drei Generationen aufeinandertreffen, ein Frauenflohmarkt in ihrer Wohnung, bei dem es ums Tauschen und Austauschen geht. Ein musikalischer Abend, bei dem Susa Meyer Frauen aus allen Bereichen der Bühne auf das Podium des Volkstheaters bringen möchte. Soloauftritte wird es da keine geben, schließlich geht es um das Miteinander. „Das wird ein ganzer Haufen geiler Weiber", sagt Susa Meyer verschwörerisch und freut sich schon auf die Begegnung, bei der es ihr um gegenseitige Bewunderung und Offenheit der anderen gegenüber geht. Egal, was sie macht, wer sie ist und wofür sie sich hält. Dahinter steckt weder Wollen noch Zwang, sondern ein Mensch, der für vieles offen ist. Vielleicht, weil Susa Meyer selbst aus so vielen verschiedenen Ecken der Schauspielerei kommt, Musical-, Film- und Theaterluft geschnuppert hat. Oder weil sie gelernt hat, dass es einfacher ist, einem Menschen ohne Vorurteile gegenüberzutreten, als eine Wand vor seiner Nase aufzubauen und darauf zu warten, dass der andere darüberklettert. Dass es einfacher ist – und zwar für beide –, neugierig zu sein auf das, was man noch nicht kennt – auch wenn es vielleicht nicht gerade die Schokoladenseite sein wird, die man zu Gesicht bekommt. Dass es Mut braucht, auf den anderen zuzugehen, gerade wenn Widerstände da sind und man Abneigungen spürt. Und dann noch über die Kunst verfügt, den anderen so zu lassen, wie er eben gestrickt ist. „Dann ist der andere gleich viel entspannter und fühlt sich angenommen", weiß Susa Meyer. Einander begegnen wollen – das steht für die Schauspielerin im Vordergrund. Der Rest ergibt sich.

Das zu teilen, was Menschen gemeinsam haben, und das zu überbrücken, was sie trennt, ist Susa Meyer bei den Begegnungen, die sie initiiert oder die ganz einfach stattfinden, besonders wichtig. Dazu gehört auch die Arbeit auf der Bühne. Das Teilen mit dem Publikum. Der Austausch von Gefühlen und Ängsten. Das Erzählen einer Geschichte. Durch das Teilen bekommt das Miteinander eine ganz neue Kraft. „Viele Schauspieler und Sänger wollen ihr Soloprogramm machen. Aber das hat mich nie interessiert. Ich finde, es ist immer viel schöner, etwas miteinander zu machen und einander zu bereichern", so Susa Meyer. Das liebt sie auch so am Theater. Jedes Mal muss man sich aufs Neue auf den Partner einlassen, auf seine Stimmung, seine Temperatur, ganz im Augenblick sein. „Wenn ich versuchen würde, etwas zu reproduzieren, was bei der letzten Vorstellung gut gelungen ist, dann bin ich nicht mehr im Moment, dann kann ich nicht mehr zuhören, nicht mehr auf den anderen reagieren.“ Alles, was man sich für eine Figur erarbeitet hat, muss man bei der Vorstellung hinter sich lassen, seine Stimme als Element im Raum wahrnehmen und gleichzeitig dem Gegenüber zuhören. Darin dürfte ein großer Zauber liegen. „Zuhören und antworten“ – so hat ein erfahrener Schauspieler sein Geheimnis genannt. Klingt einfach, erfordert aber viel Kraft und Konzentration. *„Wenn man sich darin übt, wie man seine Partner und auch sein Publikum wahrnimmt, und wenn man es schafft, alle Wesen zu einem Du zu machen, und mit ihnen diesen Augenblick zu teilen, dann ist das eine große Kunst. Das gelingt nicht immer, aber daran arbeite ich“, erklärt Susa Meyer.* Die Schauspielerin gehört zu jenen Menschen, die sich gut auf andere einstellen können, ohne sich dabei aus ihrem Rhythmus bringen zu lassen. Sie weiß, dass sie den Mut hat, ihre Grenzen zu verteidigen, und dass sie dabei entstehende Konflikte und Auseinandersetzungen übersteht. Dafür wartet am Schluss eine große Belohnung: Eine Beziehung, die wieder ein Stück gewachsen ist.

Um Menschen mit Neugier zu begegnen, braucht es eine Portion

Gelassenheit. Die holt sich Susa Meyer durch ihre Rituale. Frühmorgens, wenn ihr Freund noch schläft, stiehlt sie sich aus dem Bett, hinauf in den oberen Stock. „Ich liebe den Morgen, wenn er noch ganz unberührt und sanft ist." Susa Meyer bereitet sich dann ihren Milchkaffee zu – mit ganz viel Schaum und in der Lieblingstasse – und nimmt im Ohrensessel Platz, den sie von ihrem Vater geschenkt bekommen hat. Für sie ist der Sessel ein ganz besonderer Ort. Da denkt sie an ihren Vater, spürt seine Kraft und den Halt, den er ihr gibt – auch wenn er einmal nicht mehr da sein wird. Dann schlürft sie ihren Kaffee, schaut über die Terrasse in den Tag hinaus und bedankt sich für alles, was ihr gerade in den Sinn kommt. Für den Sessel, auf dem sie sitzt, für den Fliederbaum, der bald blühen wird, für den Duft nach Brot, der aus der Bäckerei bis zur ihr hinaufsteigt. *„Danke kann man gar nicht oft genug sagen", meint die Schauspielerin. „Manchmal steht man mit dem linken Fuß auf oder man hat schlecht geschlafen oder man hat Angst vor etwas, das auf einen zukommt, oder man ist auf jemanden sauer – es ist ja nicht jede Sekunde des Lebens schön. Das Danke bringt mich immer auf eine gute Spur."* In ihr Danke-Ritual schließt Susa Meyer auch all jene Menschen ein, die ihr wichtig sind – ihre Familie, ihren Freund – und jene Menschen, die sie selten sieht, denen sie an diesem Tag begegnen wird. „Das hört sich an, als würde ich drei Stunden hier sitzen", sagt sie lachend und fährt mit der Aufzählung fort: „Dann denke ich noch an meinen Tag, was alles auf mich zukommt, stelle mir vor, wem ich begegnen werde, was mir wichtig ist zu sagen, was mir dieser Tag bringen soll." Danach greift Susa Meyer noch zu einem ihrer Lieblingsbücher, schlägt es auf irgendeiner Seite auf und liest als Inspiration ein paar Zeilen. Zum Abschluss folgt noch eine Runde Yoga- und Pilatesübungen. Vieles hat sie da von ihrer Mutter gelernt, die Yogalehrerin ist. Loszulassen, nichts zu müssen. Sanft beginnt die Schauspielerin zu atmen, sich selbst zu spüren und die Energie im Körper zu verteilen. „Dann bin ich für den Tag gewappnet, dann ist es viel einfacher, mit Stress umzugehen und bei sich zu bleiben."

MAX PALLA

NEUE GANGART

Eine Glocke, die nicht klingelt, ein Büro, das auf dem Küchentisch Platz hat, und ein Erfolgsmensch, der das Managen neu definiert. In einer neuen Gangart: Slow Management.

Morgens im Cottageviertel des 18. Wiener Gemeindebezirks. Die Sonne scheint, die Vögel zwitschern, die Nachbarin zupft Unkraut. Man soll den Herrn Palla doch besser anrufen, meint sie, denn die Glocke, die funktioniert nicht. Max Palla hat das Interview kurzfristig nach Hause verlegt. Weil er da sein will, wenn seine kleine Tochter aufwacht, die hat einen Jetlag und schläft noch. Er war mit ihr und seiner Frau in den USA, hat einen Kurzurlaub eingeschoben und zwischendurch gearbeitet. Wie das geht?

„Das ist mein Büro. Mehr brauche ich nicht", sagt er und zeigt auf das iPad, das iPhone und das iBook, die vereint auf dem Küchentisch liegen. Die Technik macht ihn mobil und unabhängig. Eine neue Erfindung sei sein Homeoffice gar nicht, denn vor der Industrialisierung sei der Schuster ja auch bei seinen Leisten geblieben, hat also Wohnen und Arbeiten vereint. Allein: „Nicht jeder kann die Freiheit genießen, man muss schon dafür gebaut sein. Blackberry-Süchtige, die alle zehn Minuten ihre E-Mails checken, sind nicht unbedingt dafür geeignet", meint Max Palla. Nicht selten vermischen sich Job und Privatleben so sehr, dass die Trennlinie verblasst und man nicht mehr genau erkennt, wo die Arbeit aufhört und die Freizeit beginnt.

Doch auch wer im Büro sitzt, kann ein Problem mit der Freizeit bekommen, insbesondere im Spitzenmanagement. Palla weiß das. Er war selbst jahrelang Chef einer großen Werbeagentur und gehörte jener Spezies an, die kaum mehr eine freie Stunde hat. Jetzt arbeitet er als Berater und trifft oft auf Menschen, von denen man glauben könnte, sie hätten ihren Meldezettel schon aufs Büro umgeschrieben. Und die auch noch stolz darauf sind. So richtig bewusst geworden ist ihm das gesellschaftliche Phänomen, als er ein Interview in einem Wirtschaftsmagazin las. Dort prahlte ein Manager damit, dass er bis spätabends im Büro sitzt und dann noch seinen Ausgleich bei der Familie sucht. Um Mitternacht? „Da stimmt doch etwas nicht. Wo kommt nur dieses falsche Prestige-Denken her?", hat Palla sich gefragt und kurzerhand die Slow-Management-Bewegung gegründet.

Nun berät er Manager und spricht mit ihnen über Zeit. Stellt ihnen simple Fragen und hilft ihnen dabei, eine Antwort zu finden. Warum haben Sie keine freie Stunde? Warum können Sie nicht kurzfristig einen Termin machen? Was ist Ihnen wirklich wichtig? Er versucht, seine Gesprächspartner wieder in ein Leben fernab des Schreibtisches einzugliedern. „Denn es bringt absolut nichts, wenn man seine Zeit im Büro absitzt", sagt er. Ganz im Gegenteil, Manager müssten raus. Dorthin, wo das Leben pulsiert. Ins Kunsthistorische Museum, in den Park, an den Pool. „Denn auch dort kann ihnen die Lösung zu einem lang ergrübelten Problem einfallen."

Seine Gespräche führt er beim Spazierengehen. „Walk and Talk" nennt er das. Dabei wird es oft sehr persönlich, sagt er. Jahrelanges Schweigen bricht auf und die Menschen legen ihre Maske ab. Nicht selten haben sie lange Zeit mit niemandem über ihre Probleme gesprochen. Mit wem auch? Der Kollege vermutet dann vielleicht ein Burnout, die Frau spielt in Gedanken mit der Scheidung, die Freunde haben sich mangels gemeinsamer Zeit längst verabschiedet und er selbst spielt den starken Mann und glaubt auch noch daran. Obwohl er vor allem eins ist: einsam. Palla: „Da tut es gut, wenn man mal andere Gedanken ausprobiert." *Wenn man Routinen bricht, kurz innehält und einen anderen Weg einschlägt. Und sich mehr Zeit nimmt. Für sich selbst, für Spinnereien und Träumereien. Dann spürt er sich wieder. Und meist tauchen dann Leichtigkeit, Spaß und Begeisterung wieder auf.*

Ihm selbst ist es jedenfalls so ergangen. Der Job als Werber hat ihn ermüdet. „Entweder ich mach noch 15 Jahre so weiter oder ich ändere etwas", hat er zu sich selbst gesagt. Er hat etwas verändert. Ist mit seiner Familie ein halbes Jahr um die Welt gereist, hat sich zurückgelehnt und hat's genossen. Obwohl er nicht einmal wusste, was er danach beruflich machen würde. „Es fällt einem ohnehin immer etwas zu", sagt er. Er hat seinen Ausstieg jedenfalls nie bereut. Kein Wunder, schließlich kommt er sogar ohne Glocke aus.

ATEMPAUSE

Dass ein Leben ohne Atempause schnurstracks ins Fiasko führen kann, hat die Finanzkrise gezeigt. Die flotten Herren mit ihren elektronischen Handelssystemen, über die im 24-Stunden-Betrieb schnelles Geld gemacht wird, mussten am Ende selbst zugeben, dass ihnen der Durchblick gefehlt hat. Denn um den zu haben, braucht es Leerzeiten und Abstand – also Pausen. Jene Unterbrechungen, die in einer Welt der ständigen Verfügbarkeit oft als „vertane Zeit" deklassiert werden.

Auch traditionelle Gesellschaften pflegten aus gutem Grund Zwischenräume und Zwischenzeiten. Heute nehmen wir uns keine Zeit mehr für diese Pausen, weil wir glauben, keine zu haben. „Unser Land", klagte Federico Fellini einst, „ist arm an Rhythmus." Reich hingegen ist es an Takt, an eng getakteten Zeitstrukturen: Es mangelt nicht an dauerndem Trubel und Ablenkung, an Schnellstraßen (ganz Europa liegt an der Autobahn), an Arbeit, E-Mails und To-Dos. Stattdessen besteht ein spürbares Defizit an Geduld, Besinnung und Beschaulichkeit, an Orten und Zeiten der Ruhe, des Nachdenkens und der Kontemplation. Aber was hält uns davon ab, unsere kleinen und großen Sonntage in Zukunft nicht mehr zu opfern? Es ist der Umstand, dass wir vergessen haben, wie entscheidend Pausen dafür sind, überhaupt ein menschliches Leben zu führen. Pausen geben uns die Möglichkeit, zu reflektieren und zu erkennen. Ohne Pausen kann niemand echte und tiefe Beziehungen aufbauen. Ohne Pausen bringt er nichts Dauerhaftes zustande. „Wer keine Zeit mehr hat zu denken, der denkt sich auch nichts mehr!", meint Zeitforscher Karlheinz A. Geißler. Auch das lehrt uns die Finanzkrise.

MARTIN GRUBINGER

MELODIE DER DINGE

„Musik macht uns friedfertiger, kreativer und leistungsfähiger. Sie bietet uns alles, was wir für das rasante Leben in der heutigen Zeit brauchen", sagt Martin Grubinger, Percussion-Multitalent. Ein Plädoyer für die Musik in uns und für ein Instrument, das alles zum Schwingen bringt.

Er hat Mühe, mit Stäbchen zu essen, aber mit den Drumsticks jongliert er, als seien sie das Natürlichste auf der Welt. Ob er sich nun zwei, vier oder gleich sechs Holzschlegel um die Finger wickelt, macht für ihn keinen Unterschied. Er hat den Rhythmus im Blut, würde man jetzt leichtfertig sagen, aber das allein trifft´s noch nicht: Martin Grubinger, Österreichs großes Multipercussion-Talent, ist der Rhythmus. Keine Sekunde kann er ruhig sitzen, ständig schnippt er mit den Fingern, ein Mix aus Salsa und Groove pulsiert durch ihn. Er steht unter Strom – immer, sagt er. Und nimmt die Melodie der Dinge um ihn herum wahr. Das Fauchen der Kaffeemaschine. Das Klappern des Geschirrs. Der Mann neben ihm, dessen Stimme sich in einem monotonen Sprachrhythmus wiegt. Jedes Geräusch, jeder Ton, jeder noch so leise Klang halten ihn auf Trab. Abschalten geht nicht. Ruhe kehrt nur selten ein. Die Ärzte haben ihn schon gewarnt. Er bräuchte einen Ausgleich. Martin Grubinger weiß das, und trommelt weiter. Und wenn es nur mit dem Kugelschreiber auf die Tischplatte ist. Ventile für sein rhythmisches Adrenalin findet er immer.

Der Rhythmus des Schlagzeugs wurde zu seiner Muttersprache. Mit ihm drückt er sich aus. Durch ihn versteht er andere, erkennt an deren Rhythmus, wie es ihnen geht, wie sie sich fühlen. Ob ruhig oder gespannt, gehetzt oder gut gelaunt, traurig oder voller Erwartungen: Der Gemütszustand zeigt sich als Notenbild vor seinen Augen, Erklärung braucht es da keine. „Ich glaube, dass ich dieses Instrument inhaliert habe", sagt er. Kein Wunder: Kaum war Martin Grubinger auf der Welt, drang der Beat eines Schlagzeugs an sein Ohr. Das Kinderzimmer lag direkt neben dem Schlagzeugraum, in dem sein Vater übte. Stunden über Stunden. Und zwar jeden Tag. Bis spät in die Nacht hinein. Martin Grubinger war von kleinen und großen Trommeln, Schellenkranz, Hi-Hat, Crash-Becken und anderen Elementen des Schlagzeugs umgeben. *Als kleiner Knirps gehörte Schlagzeugspielen bereits zu seinem Repertoire an Ausdrucksformen. Jetzt jongliert er in einem aberwitzigen Tempo mit den Tönen, lässt die Noten vor Freude tanzen und zaubert einen ganz eigenen Klang aus ihnen heraus.* Martin Grubinger hat sich als Percussion-Künstler einen Namen gemacht. Er geht in den Konzertsälen von New York bis Tokio ein und aus, arbeitet mit Starkomponisten wie HK Gruber, Friedrich Cerha, Esa-Pekka Salonen und anderen. Und ist Meister der Perfektion auf Pauke, Trommel, Becken, Vibraphon, Marimba und unzähligen mehr. Auch bei japanischen und afroamerikanischen Percussions geigt er auf, immer mit hoher Sensibilität und vollem Körpereinsatz. Aus der kleinen Trommel kitzelt er mit Fingerspitzengefühl die vielen Nuancen heraus, die das Instrument zu bieten hat. Bei der Marimba setzt er den Unterarm ein, um sie zu Höchstleistungen zu treiben. Und auf der Konga trommelt er mit dem Handgelenk, bis die Seele des Instruments zum Vorschein kommt. *„Jedes der Schlagwerke hat seine eigene Technik, seinen speziellen Rhythmus. Um die feinen Unterschiede wahrzunehmen, braucht es auch eine innere Geisteshaltung – jedem einzelnen Instrument gegenüber", sagt der Perfektionist.*

Wer schon einmal gesehen hat, wie Martin Grubinger bei einem Konzertauftritt mit der Kondition eines Marathonläufers von einem Instrument zum anderen springt, in Sekundenschnelle die Noten aneinanderreiht, die Tonart wechselt, konzentriert wie ein Schachspieler die gesamte Komposition aus dem Kopf spielt, der fragt sich vielleicht, wofür er sich so anstrengt. Wofür er kämpft. Was er erreichen möchte. „Es geht gar nicht so sehr um das Konzert, um den Applaus. Das ist alles vergänglich", sagt der 26-Jährige. Viel lieber möchte er mit seinen Auftritten eine Botschaft vermitteln, sich mit jedem Paukenschlag dafür stark machen, dass Rassismus und Antisemitismus in unseren Herzen keinen Platz mehr haben. Und in unserem Leben erst recht nicht. Wie er das vermitteln will? Mit der Sprache des Schlagzeugs. Für Martin Grubinger ist das Schlagzeug ein globales Instrument. Eines, das sich auf alle Kulturen, Traditionen und Religionen bezieht. Eines, das sich gerne in die Hände jener Menschen begibt, die keinen Unterschied darin sehen, wer es spielt, welche Hautfarbe er hat,

wo seine Wurzeln sind. „Wenn Akzeptanz für dieses multikulturelle Instrument und seine Spieler da ist, dann kann Hass schlecht entstehen", sagt Martin Grubinger voller Tatendrang. Er setzt ein Zeichen, wenn er Konzerte absagt, nur um Rechtspopulisten den Zutritt zu verweigern. Wenn er Workshops gibt, in denen Menschen mit dunkler Hautfarbe Respekt entgegengebracht wird. Wenn er mit seinen Konzerten ein junges Publikum anspricht und ihm zeigt, welche Kraft in dem Instrument steckt.
Für Martin Grubinger vermittelt das Schlagzeug das Gefühl des 21. Jahrhunderts. Eines, das von Leichtigkeit, einem neuen Miteinander und einem intensiven Rhythmus geprägt ist. „Rhythmus ist das Allererste, mit dem wir konfrontiert sind. *Im Mutterleib nehmen wir den Rhythmus des Herzschlags wahr. Und sind tief mit ihm verbunden. Ich glaube, dass das Verlangen des Menschen nach Rhythmus sehr stark ist.*" Martin Grubinger ist überzeugt davon, dass Musik im Alltag etwas ganz Wesentliches ist. „Es müsste das ureigenste Interesse der Politik, aber auch der Industriellenverbände sein, dass unsere Kinder und Jugendlichen von Musik umgeben sind, die Möglichkeit zu haben, selbst zu musizieren und sich über die Musik auszutauschen. Musik ist alles, was wir brauchen. Musik macht uns geduldiger, friedfertiger, produktiver, kreativer, leistungsfähiger, teamfähiger. Alles, was wir in uns haben sollen, weil es die Wirtschaft von uns verlangt,

gibt uns die Musik.“ Martin Grubinger macht sich in Salzburg dafür stark, dass jeder Erstklassler ein Instrument vom Land zur Verfügung gestellt bekommt.

Martin Grubinger ist voller Leidenschaft – für die Verantwortung, die er als Mensch einer Gemeinschaft trägt, und für seine Musik. Dafür geht er auch immer wieder an seine Grenzen. Steht er am Schlagzeug, trommelt er sich in einen Wirbel hinein, holt alles aus sich heraus. Bis er sich in einem Trancezustand befindet. An diesem Punkt nimmt er nichts mehr wahr. Weder das Publikum, noch das Orchester, noch die anderen Musiker, noch die eigene Musik. Hier übernimmt das Unterbewusste die Führung, alles wird leicht, fliegt wie von selbst dahin.

Zum Ausgleich für diese Grenzerfahrung und die stundenlangen Trainingseinheiten macht er ab und zu Qi Gong und setzt sich seit Neuestem mit Gregorianischen Chorälen auseinander. Diese alten Gesänge, die in den Klöstern bis heute den Tag strukturieren, rufen ein Verständnis von Zeit hervor, das nicht von Hektik und Knappheit bestimmt ist. „Ich wusste das nicht, aber es gibt offenbar eine große Sehnsucht nach dieser Art von Musik. *Man verliert völlig das Zeitgefühl, man vergisst Termine. Man hört sich die Choräle an und ist in einer ganz anderen Welt.* Man wird eins mit der Musik.“ So muss sich wohl Martin Grubingers Dauerzustand anfühlen.

GREGOR SIEBÖCK

LEICHTER GEHT'S BESSER

Weltenwanderer, Profivagabund, Pilger: Gregor Sieböck ist zu Fuß um die Welt gewandert. 15.000 Kilometer von Bad Ischl bis Tokio hat er dabei zurückgelegt. Lehrmeister gab es auf seinem Weg viele. Sein Rucksack war so einer. Schritt für Schritt hat er ihn erleichtert. Und dabei eine Sinnspruch fürs Leben gefunden: Leichter geht's besser.

„Gehe langsam, wenn du es eilig hast." „Weniger ist mehr." „Lebe im Jetzt." Wer kennt sie nicht, die weisen Sprüche, die einem oft zu Ohren kommen und die aus vielen Lebensratgebern herausposaunen? Man nickt – und dann? Wie können sie einem helfen, wie kann man sie anwenden, wie ins Leben integrieren? Martin Weber ist einer jener Wegbegleiter, die Gregor Sieböck auf seiner Reise immer wieder inspiriert haben. Manchmal hat das aber auch zu Ärger geführt. Dann nämlich, wenn die Anregungen sein Weltbild ins Schwanken gebracht haben. „Der Martin hat gesagt, ich soll im Jetzt leben, im Jetzt, im Jetzt. Und: die Dinge sollen leicht gehen. Das hat mich fürchterlich aufgeregt. Weil mein ganzes Leben darauf aufgebaut war, dass ich mich anstrengen muss."
Gut, dass Gregor Sieböck eine überaus praktische Methode kennt, sich einer neuen Sichtweise anzunähern. Er hört sich alles genau an und probiert es dann aus. Für eine Stunde, für einen Tag setzt er sich die Brille des anderen auf und schaut durch dessen Augen. Gefällt ihm, was er sieht, packt er es zu seinen Ansichten dazu. Passt es so gar nicht in sein Leben, lässt er es wieder fallen. Gregor Sieböck hat also die Welt durch Martin Webers Augen angesehen und veränderte sein altes Weltbild zugunsten eines neuen. „Ohne Fleiß kein Preis" ließ er dabei über Bord gehen. Genauso wie seine Beharrlichkeit. „Ich ging oft mit dem Kopf durch die

Wand und habe meinen Plan weiterverfolgt, obwohl sich die Umstände schon längst geändert hatten." Und dabei weiß ja jeder, dass Veränderungen das einzig Beständige im Leben sind.

Sieböcks Leben wird nun von Leichtigkeit bestimmt – der Weltenwanderer kostet jeden Augenblick bewusst aus. Er tut dies, als gäbe es nichts Einfacheres auf dieser Welt. Denn auch da weiß er, wie das geht. „Solange ich von den Dingen nur rede, wird sich nichts verändern. *Etwas zu wissen, aber nicht danach zu handeln, bringt nichts. Das ist dann genauso, wie wenn ich es nicht wüsste.*" Vom Wissen zum Handeln – dieser Grundsatz begleitet den Weltenwanderer seit mehr als zehn Jahren. Mit ihm ist er losmarschiert und seinem Stern gefolgt. Er wollte genau jene Veränderung sein, die er sich für die Welt wünscht. „Ich habe erkannt, dass die Erde in einem Ungleichgewicht ist, dass wir sie in ein Ungleichgewicht gebracht haben. Durch den Glauben an den Konsum, durch das Wirtschaftswachstum. Ein berühmter Ökonom sagte: Wer von einem unendlichen Wirtschaftswachstum auf unserem Planeten ausgeht, ist entweder ein Idiot oder ein Ökonom. Ich darf das sagen, ich bin selbst Ökonom", so Sieböck. „Die EU fordert drei Prozent Wachstum – und das jedes Jahr. Das bedeutet eine Verdoppelung in 25 Jahren. Doppelt so viele Autos, doppelt so viel Ich-weiß-nicht-was. Aber die Erde wächst nicht mit. Und wozu brauchen wir doppelt so viel, wenn wir jetzt schon zu viel haben?"

Gregor Sieböck ist um die Welt marschiert, hat darauf geachtet, nur einen winzigen ökologischen Fußabdruck zu hinterlassen, hat der Natur großen Respekt gezollt und gezeigt, wie einfach das Leben sein kann, wie wenig wir brauchen. „Ich habe auf meiner Reise viel gelernt. Zum Beispiel, dass mein Rucksack zu schwer war und wieder leichter werden sollte. *Ich habe gelernt, dass in der Einfachheit eine große Kraft steckt. Was braucht es für ein gutes Leben? Diese Frage hat mich ständig begleitet.*" Alles, was Gregor Sieböck nicht mit sich schleppen musste, bedeutete eine große Erleichterung. Denn dann kam er leichten Schrittes voran. „Beim Wandern macht es einfach viel mehr Freude, wenn der Rucksack leicht ist. Da kannst du viel präsenter sein. Sonst konzentrierst du dich nur auf die Last und siehst nicht das Schöne, das dich umgibt." Das ist gleichzeitig ein wunderbares Symbol für unser Leben, meint Gregor Sieböck. Denn alle Menschen tragen einen Rucksack mit sich herum – der eine hat das Gewicht eines Mercedes, der andere das eines Einfamilienheimes, der nächste ist voll mit Schuhen und Kleidung. „Wenn ich sage, der Rucksack war einer meiner besten Lehrmeister, habe ich das auch so gemeint", betont Gregor Sieböck. Zurück in Österreich, erinnerte sich der Weltenwanderer an das Gewicht, das er auf seine Reise mit sich herumschleppte. „Bevor ich mir etwas kaufe, denke ich an meinen Rucksack. Und daran, dass ich das dann mit mir herumtragen müsste. Wenn jemand nur mit dem Mercedes fährt und diese Erfahrung noch nie gemacht hat, dann wird es für ihn schwierig sein, dieses Gefühl nachzuvollziehen", gibt Gregor Sieböck zu.

Oft wird er auf seine Wanderschaft angesprochen, oft möchten die Menschen wissen, ob sie ebenfalls losmarschieren sollen. Natürlich nicht, ist seine Antwort. „Das ist ja sinnlos. *Es geht ja darum, dass du in deinem Leben das tust, was du gerne tust. Ich zeige halt auf, wie schön das Leben ist, wenn ich meiner Bestimmung folge.* Die Autorin Marlo Morgan beschreibt das so: Wenn du deine Träume lebst, wirst du jenen Menschen begegnen, die du in deinem Leben treffen sollst. Und genauso ist es auch." Doch viele Menschen haben Angst davor, ihre Träume zu verwirklichen. Was ist mit dem Job, dem Kredit, dem Einfamilienhaus, der Familie? Das alles füllt den Rucksack, macht ihn schwer, so schwer, dass wir uns nicht mehr bewegen können. Charlie Chaplin hat gesagt: „Das Leben ist schön, wenn du keine Angst davor hast." Gregor Sieböck weiß, wie man der Angst entkommt. „Die Quantenphysik sagt, dass da draußen ein großes Feld an Möglichkeiten ist, das aus Teilchen und Wellen besteht. Erst indem ich hinschaue, manifestiert sich die Entscheidung und Energie wird frei. Und mit der Energie kann ich diese Entscheidung umsetzen. Solange ich nicht hinschaue, wird keine

Energie frei. Im Gegenteil, es laugt mich immer mehr aus. Und irgendwann habe ich keine Kraft mehr, mich zu entscheiden." Eine Entscheidung ist also immer gut. Der Weltenwanderer baut seine auf Präsenz, Leichtigkeit, Intuition und Eigenverantwortung auf und hat auf seiner langen Reise davon Gebrauch gemacht. Immer öfter hat er auf seine innere Stimme gehört und sich von ihr leiten lassen - sonst säße er nicht mehr hier.

Erich Fromms Frage „Lebe ich oder werde ich gelebt" braucht sich Gregor Sieböck nicht zu stellen. Er lebt im Jetzt. Er hat seinen Rucksack geleert. Er besitzt keine Wohnung. Und hat all sein Geld in seine Reise, in sein Leben investiert. Ein großer Investor an der Wallstreet antwortete auf die Frage, was seine Anlagestrategie sei: „Investiere in Freunde, denn die Bank des Himmels geht nie bankrott." Genau das macht Gregor Sieböck. „Ich habe viele Freunde. Echte Freunde. Ich kann jederzeit bei ihnen auftauchen und falle ihnen nicht zur Last. Im Gegenteil: Wir haben spannende Gespräche und kommen dadurch weiter."

Lebe ich oder werde ich gelebt, das ist eine Frage, der wir nicht ausweichen können. Für die Antwort braucht es Zeit. Wer jedoch in einem Hamsterrad steckt, hat keine Zeit, die Frage für sich zu beantworten. Man muss sich bewusst herausnehmen, sich von außen anschauen und die eigene Situation beobachten. Erst dann weiß man, wo man steht, wo das Leben hinführt und ob die

Richtung auch wirklich stimmt. *Kann man noch über sich lachen? Kann man zu seiner eigenen Verbohrtheit und Kleinkariertheit stehen? Und anerkennen, wie unwichtig man ist in all seiner Größe? Und vor allem eines: Kann man seinen Rucksack noch aufheben und tragen?* „Jetzt hab ich eine Vortragstournee, aber ich frage mich dazwischen immer wieder, ist das noch stimmig? In dem Augenblick, wo ich merke, es passt nicht mehr, höre ich auf. Schreibe auf die Website „Vortrag gestrichen und tu das, was ich tun will. Vielleicht marschiere ich wieder los." Schließlich liegt im Gehen ein großer Zauber. Man weiß nie, was hinter der nächsten Kurve auf einen wartet. Erlebt wunderbare Überraschungen. Trifft Menschen, die für einen bestimmt sind. Kommt an Orte, die man nur zu Fuß erreicht. Und spürt eine immer stärkere Verbundenheit mit der Erde.

DER EINZIGE
TYRANN, DEN ICH
IN DIESER WELT
ANERKENNE, IST
DIE LEISE INNERE
STIMME.

MAHATMA GANDHI

THANK YOU

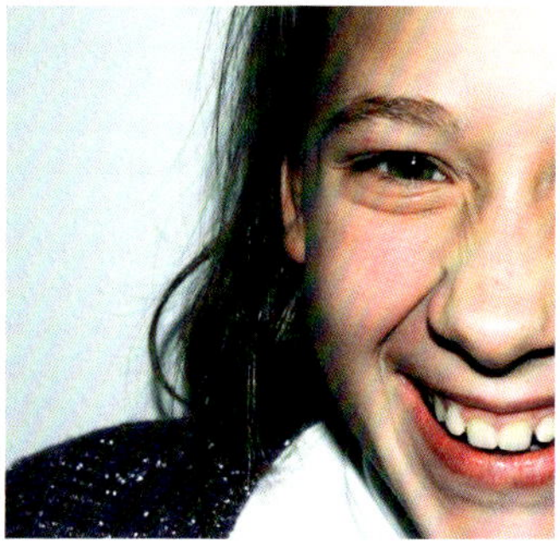

DANK-BAR

„Manchmal werde ich gefragt, ob das ökologische Leben, das ich gewählt habe, etwas mit Verzicht zu tun hat", erzählt der Weltenwanderer Gregor Sieböck. „Und ich antworte: Nein, es hat nichts mit Verzicht zu tun. Es geht um Dankbarkeit." Auf seiner Reise um die Welt hat Gregor Sieböck entdeckt, dass das, was uns täglich zur Verfügung steht, nicht selbstverständlich ist. Das fällt dann auf, wenn es fehlt. Ein Bett, in dem wir schlafen können. Trinkwasser, wenn wir den Hahn aufdrehen. Eine heiße Dusche, und zwar jeden Morgen. Wer auf Wanderschaft geht, im Freien übernachtet, auch wenn es schüttet, keine Quelle zum Trinken findet und sich im eiskalten Fluss wäscht, wer lange alleine ist und niemandem begegnet, der lernt die einfachen Dinge des Lebens wieder zu schätzen. Sie bekommen den Wert, der ihnen zusteht. Und dafür ist man dankbar.

Wir haben heute weit mehr, als wir brauchen, und trotzdem entsteht eine Leere in uns. Wir versuchen, diese Leere mit Konsum zu füllen oder mit Ablenkung. Das hat aber noch nie funktioniert. Und wird auch nicht funktionieren. Es kostet uns nur Zeit, Lebenszeit. „Wenn ich dankbar bin, bin ich reich und lade die Fülle in mein Leben ein. Dann brauche ich nicht ständig mehr, ich hab ja schon alles. Daher kommt es im Leben nicht auf Verzicht an, sondern auf Dankbarkeit", sagt der Weltenwanderer.

TONI INNAUER

HERR DER LÜFTE

Toni Innauer ist ein Meister des Absprungs. Nicht nur, wenn es darum geht, sich von der Schanze in die Lüfte zu schwingen und den Rekord zu brechen. Auch im Leben kennt er den richtigen Zeitpunkt für Veränderungen, hat den Mut, zu sich zu stehen, und das Talent zur eigenen Spurensuche.

Der erste Sprung ist fotografisch festgehalten: Der junge Innauer, damals noch Alpinrennläufer, nahm Anlauf und sprang auf Skiern über ein Hausdach. Wahrscheinlich war es eine Holzscheune mit sauber gebügelter Schneehaube. Und der kurze Flug: ein erster Vorgeschmack aufs Abheben, In-die-Lüfte-Steigen, Obenbleiben, Herunterschauen, Staunen und Schweben. Um dann wieder auf beiden Beinen zu landen. „Plötzlich merkt man, man fliegt – das war schon faszinierend", sagt Innauer. Aus der anfänglichen Faszination wurde schnell eine Sache des Könnens. Die Feinheiten spüren und regulieren, Erfahrungen im Körper speichern und die Kräfte, die da walten, geschickt ausnutzen. Jeder Meter, den man weiter flog, zählte Welten. Innauer nahm den Rhythmus der jeweiligen Schanze auf, ließ sich auf ihr Schwingen ein, vermengte die Kräfte, die sie erzeugte, mit den eigenen Bewegungen. Alle Sinne waren auf ihrem Posten: Startklar. Dazu kam das Timing: rechtzeitig abzuspringen bedeutete alles, die Neigung des Anlaufs zu antizipieren, genauso wie die Fähigkeit, im Übergangsbogen nicht von den Zentrifugalkräften übertölpelt zu werden und den Absprung gleichzeitig mit Kraft und Kontrolle einzuleiten. Klingt nach einem langen Prozess des Ausprobierens, Herausfindens und sich Beobachtens. War es auch. Trial and Error entpuppten sich dabei als anhängliches Paar. Das Scheitern wartete schon auf seinen Auftritt. Doch Innauer folgte meist seiner Intuition und seinem Instinkt. Und entwickelte eine Technik, an die zuerst keiner glauben wollte. Eine verblichene Zeichnung, auf der ein Skispringer zu sehen war, hatte ihn inspiriert: Mit extrem tief geducktem Oberkörper sprang er aus der Anfahrtshocke – gegen alle damaligen Technikleitbilder und Vorstellungen. „Man springt ja wochenlang, probiert alles Mögliche und nichts fühlt sich mehr gut an. *Und dann plötzlich entdeckt man etwas, das mit all den Anweisungen, Korrekturen und technischen Hinweisen nichts zu tun hat. Und man merkt auf einmal, das zählt für mich, das will ich machen.*“

Toni Innauer ist eine Legende. Eine sympathische und tiefgründige noch dazu. Ein Mann der Lüfte. Ein Skispringer der Nation. Ein vielgefeiertes Wunderkind. Er tauchte wie eine Rakete am Himmel der Springer auf und genauso schnell verschwand er auch wieder. Mit 16 Jahren auf der Schanze, dann Nationalmannschaft, Medaillen, Olympialuft schnuppern, siegen. Absprung mit 21. Eine rasante Karriere. Kurz und spannend. Und für Innauer genau richtig. Zumindest aus heutiger Sicht. „Ich habe alles erfahren, was ein Spitzensportler zu erfahren hat. Ich hab nicht alles gewonnen, aber genug, um beurteilen zu können, wie sich die Besten fühlen“, sagt der gebürtige Vorarlberger.

Der Absprung in jungen Jahren war ihm wichtig. Darin sah er die Möglichkeit, sich als Persönlichkeit weiterzuentwickeln. Und die Chance, links und rechts der Sprungschanze noch andere Erfahrungen als Mensch zu machen. „Ich bin jemand, der sich viel abverlangt in dem, was es zu lernen gibt. Ich habe intensiv daran gearbeitet, mehr über mich zu erfahren und zu mir zu stehen. Es ist alles sehr schön und gut, was man beruflich tut. Aber letztlich geht es darum, sich selbst zu entdecken." Toni Innauer eroberte nicht nur die Lüfte auf seine Weise, er war auch als Mensch anders als die anderen. Als Kind galt er als schüchtern und introvertiert, zurückgezogen und scheu. „Ich glaubte, ich müsste so sein, wie die anderen: aufgeschlossen, offen, gesellig." Das brachte ihn in eine Zwickmühle – und die tat das, was man von ihr erwartete: sie engte ein. Zu der Auseinandersetzung mit sich kam der Erfolg als gefeierter Skispringer. Das Selbstvertrauen stieg. Innauer zeigte sich exaltierter, als es ihm entsprach. Offener, als es ihm recht war. Gab sich die Zutrittserlaubnis zum Anderssein und entfernte sich von seinem Ursprung. Nachdem er aus dem Scheinwerferlicht der Skispringer getreten war und jene öffentliche Form des Sich-Darstellens langsam abbröckelte, kam wieder der Innauer zum Vorschein, der er immer schon war. *„Und dann hab ich bemerkt: Das ist ja gar nicht so schlecht. Das bin ja ich. Und ich bin halt anders."* Seit dieser Erkenntnis weiß Innauer, wie wichtig es ist, sich selbst nicht aus den Augen zu verlieren und von den Nebenerscheinungen des Spitzensportes, des Berühmtwerdens, des Erfolges nicht abhängig zu werden. Denn die Gefahr, dem schönen Schein der Werbung, des Kommerzes und des Konsums zu verfallen, ist groß. *„Ich kann mich nicht nach diesem Takt bewegen, ich leide darunter: Mir ist das zu laut, mittlerweile auch zu anstrengend, zu überzogen.* Der Spitzensport ist nicht verschont von dieser kurzlebigen, kommerziell erfolgreichen, aber kulturell wertlosen Entwicklung", sagt Innauer, der von dieser Berühmtheit gekostet hat und weiß, dass sie nicht viel wert ist.

Dabei ist gerade der Spitzensport ein gutes Mittel, an seiner Persönlichkeit zu feilen. Den eigenen Egoismus zu überwinden, hart an sich zu arbeiten, sich zu verbessern, die geglückte Bewegung vor dem Ergebnis zu sehen und der Sache zuliebe sein Bestes zu geben – das alles zählte für Innauer. Als ehemaliger Olympiasieger und Trainer der Nationalmannschaft ist es ihm ein Anliegen gegenzusteuern, wenn der Druck auf die jungen Sportler zu groß wird, eine Vorbildfunktion zu übernehmen, den Kern des Tuns hervorzuheben und die Kultur des Skifliegens in die Höhe zu heben. Doch auch hier gibt es einen Moment, von dem an er den Sportlern das Feld überlässt. Schließlich müssen sie selbst lernen, wie sie am besten mit ihrem Erfolg umgehen. Er zieht sich dann gerne in die Natur zurück, geht fliegenfischen, genießt die Ruhe, das Alleinsein. Hier fühlt er sich wohl, kann ganz er sein, nichts und niemand bringt ihn aus seinem Rhythmus. „Unter vielen Menschen denke ich immer noch, ich müsste höflicher sein, ich müsste lustiger sein, ich müsste dies oder das sein. Aber in Wirklichkeit mag ich das nicht. Am liebsten will ich nur ich sein."

GERHARD ROTH

IM „SCHREIBRAUSCH"

Im „Schreibrausch" setzt die Registratur des Alltags aus, der Schriftsteller verliert die Zeit aus den Augen und lässt sich ganz von Sprache und Gedanken führen, treiben, bestimmen. Dabei vergisst er mitunter alles, was ihn belastet, was er tun soll. Nur mehr das Schreiben zählt.

„Ich kann nicht sagen, welchen Rhythmus ich beim Schreiben entwickle. Ich sehe im gesamten Universum das Wirken von Rhythmen: Von der Schöpfung bis zum vermutlichen Zusammenbruch. Das Universum wird von rhythmischen Kräften durchströmt, ob das jetzt die Bewegungen der Atome oder Moleküle oder meiner Erythrozyten und Leukozyten im Blut sind – sie umfassen meinen gesamten Blutkreislauf, mein Geborenwerden und mein Sterben. Alles unterliegt einem universellen Rhythmus, daher auch das, was Menschen fertigen – Kunst, Malerei, Musik und Sprache sind vom Rhythmus geprägt", beginnt der Schriftsteller Gerhard Roth zu philosophieren. Dazu zählt er natürlich auch seine literarischen Werke. Nur bei sich selbst macht er eine Ausnahme: „Meine eigene Person sehe ich wie unter einer riesigen Walze, die mich ununterbrochen plattdrückt und mich wieder aufstehen lässt und mich wieder plattdrückt. Bis ich das nächste Werk geschaffen habe." Eines und noch eines und noch eines. Eigentlich auch eine Art Rhythmus.
Gerhard Roth, seit 1976 freier Schriftsteller, mit einer Reihe von Auszeichnungen für seine Werke, sieht sich selbst als „ein vom Schreiben im besten Sinne Besessener". Und versucht immer wieder, in den Zustand des „Schreibrausches" zu kommen. „Das Wort Rausch beinhaltet ja schon eine Anspielung auf die Süchtigkeit. In diesem ‚Schreibrausch' verliert man die Zeit. Das ist vielleicht das Anziehende daran. Deswegen sucht man ihn, weil man nicht mehr

in der gewohnten Zeit sein muss, sondern generell in einem zeitlosen Raum ist, in dem nur Sprache und Gedanken eine Rolle spielen. Dort versucht man, die Sprache zu gestalten, und seine Gedanken zu entwickeln und sich gleichzeitig von ihnen beeinflussen und treiben zu lassen. Das ist ein recht komplizierter Vorgang", sagt Roth. Da ist er einige Stunden lang von der Alltäglichkeit ausgeblendet, wie er bemerkt, da setzt die Registratur des Alltags aus. Stört jemand diesen Zustand, dann ist das, als würde man aus seinen Träumen gerissen werden: Unvermutet und plötzlich und ohne eine Chance, wieder dort anzuknüpfen, wo man gedanklich gerade war.

Einfach ist es nicht, in diesen Zustand des „Schreibrausches" zu kommen. Schafft man es, wartet eine hohe Befriedigung als Belohnung. Doch aufgepasst: Im „Schreibrausch" macht man leicht Fehler, begeht man gerne Ungenauigkeiten, die man dann in der „Katerphase" des Schreibens wieder ausbessern muss. „Verärgert ausbessert." Roth weiß, wovon er spricht. „Dann schrumpft oft ein im ‚Schreibrausch' geschriebenes kleines Werk eines Tages von drei, vier, fünf Seiten auf eine Seite zusammen. Oder man wirft es überhaupt weg und schwört sich, nie mehr dem ‚Schreibrausch' zu verfallen. Das Experiment hat immer einen offenen Ausgang. Es gibt keine Garantie, dass man ans Ziel kommt."

Das Schreiben – so scheint es – ist für Gerhard Roth lebenswichtig, sogar überlebenswichtig. Ohne Schreiben würde er wahrscheinlich

in eine Sinnkrise verfallen, ist der Künstler überzeugt. *„Bei mir ist der Schreibdrang derart stark, dass ich ein schlechtes Gewissen habe, wenn ich nicht arbeite. Ich kann nicht einmal aufhören zu schreiben, wenn ich auf Reisen gehe. Dann kritzle ich zig Notizbücher voll, fotografiere, lege später das, was ich mitbringe, in Schuhschachteln ab, und irgendwann verwende ich es dann."*
Welchen Einfluss das Schreiben auf Gerhard Roth hat und wie sehr es sein Leben verändert, zeigt allein schon der Umstand, dass er deswegen in Krisen geraten kann. Er, der sowohl auf Reisen als auch im Leben die Auseinandersetzung mit dem Ungewissen und die Konfrontation mit dem Unliebsamen nicht scheut, verliert dann die Orientierung. „In den 30 Jahren, die ich an meinem Romanzyklus gearbeitet habe, konnte ich den Tod sublimieren, indem ich Figuren sterben ließ. Oder zumindest in schwierige, lebensgefährliche Situationen befördert habe. Jetzt, wo der Zyklus abgeschlossen ist, sind sie mir abhanden gekommen. Ich büße sozusagen dafür, indem ich mehr als sonst an das Sterben denken muss. Irgendwie rächen sich die Figuren an mir – jetzt bin ich deren Figur", so der Schriftsteller. Eine starke Verbindung zu den Figuren sowie das Autobiografische, das in den Romanen auftaucht, sind Teile des Selbstentdeckungsvorganges, den das Schreiben auslöst. Da tauchen Dinge auf, die man weder gedacht noch je geahnt hätte. Gelingt diese Art der Selbsterforschung, kommt oft etwas heraus, das auf andere Menschen, in

kleinem oder auch in größerem Maße, zutrifft. Was das Schreiben bei Gerhard Roth zutage gebracht hat, kann man in seinen Romanen nachlesen, meint er. Was man dort außerdem findet, ist sein Talent für Sprache, sein Gefühl für Rhythmus. „Ich glaube, dass jedes Kunstwerk, das keinen Rhythmus hat, Laienarbeit ist. *Ein Buch, das keinen Rhythmus hat, ist misslungen. Den persönlichen Rhythmus zu finden, das ist die Kunst: Dass man diese Bewegungen der Sprache in sich entdeckt, in die man dann seine Formulierungen kleidet.*" Roth erzählt von Ernest Hemingway, der ein berühmter Rhythmiker war und mit seinen „und, und, und, ..." den Takt der Geschichte bestimmte. William Faulkner hat mit Hilfe des Dialekts den Rhythmus hergestellt. Sprachkünstler wie die Wiener Gruppe haben die Sprache auf die rhythmische Wirkung der Wörter abgeklopft. Oder der ganz langsame Rhythmus des Filmregisseurs Andrei Tarkowskij, der eine Art Zeitlupe der Empfindungen ist.

Jedes seiner Bücher hat einen eigenen Rhythmus. Muss einen eigenen haben, meint der Schriftsteller. Schließlich geht es ja um unterschiedliche Geschichten. „Ich versuche, für jedes Buch eine eigene Sprache zu finden. Wenn es sie nicht gibt, muss ich sie selbst erfinden. Sonnenberg – die Hauptfigur in meinem Roman „Der Untersuchungsrichter" – ist mein Alter Ego. Er wird am Schluss geisteskrank. Da habe ich Aufzeichnungen geschrieben, die wie ein lyrisches Stakkato ablaufen." Seit 30 Jahren schon besucht Roth das Haus der Künstler in Gugging. „Ich kann nicht aufhören, dort hinzugehen und mit den Leuten zu reden, sie zu fotografieren und aufzuschreiben, was sie gesagt haben. Aus diesem Erfahrungsreservoir heraus habe ich dann meinen Sprachrhythmus gefunden."

Manchmal kann es vorkommen, dass eine Figur Roth aus dem Rhythmus bringt. Dann lässt er im Manuskript eine leere Stelle, wartet, was passiert, wie die Geschichte weitergeht. Bei dem Roman „Der Berg" bekam der Schriftsteller sogar ein großes Rhythmusproblem. Schuld daran war die Bandscheibe zwischen den Wirbeln L4 und L5, die derartige Schmerzen verursachte, dass nur mehr Morphium half. Ohne das hätte er nicht weiterschreiben können. Zwei Monate und 50 Infusionen später war das Buch fertig. „Ich habe es dann liegen lassen und es mit Angst und großen Zweifeln durchgelesen. An der Stelle, wo der Bandscheibenprolaps passierte, war es, als ob das Manuskript ein Schlag getroffen hätte – wie bei einem Menschen. Der Rhythmus war komplett verlangsamt und seltsam aufgesplittert. Erst als ich mit dem Entzug fertig war, hat er sich wieder normalisiert. Ich war entsetzt, denn ich hatte das in der Phase des Schreibens nicht bemerkt", so Roth. Der Schriftsteller wollte das Buch schon aufgeben und es in die Reihe der unveröffentlichten stellen. Doch sein Lektor riet ihm, Abstand zu gewinnen. Und dann: zu kürzen, zu streichen, umzuschreiben. Es half: „Der Berg" hatte wieder den Rhythmus, den er haben sollte.

ÜBUNGS-SACHE

Was haben Billy Joel, Bob Dylan, Elvis Costello, Frank Sinatra, Bruce Springsteen, Mikhail Baryshnikov und „Amadeus"-Regisseur Milos Forman gemeinsam? Wenn es um die Choreographie zu ihrer Musik geht, arbeiten sie mit Twyla Tharp. Die Grand Dame des amerikanischen Balletts und bestimmende Kraft des modernen Tanzes überrascht mit einem extrem pragmatischen Kunstbegriff: Für die New Yorkerin ist Kreativität nicht gottgegebene Inspiration, Talent oder Genie, sondern eine Angewohnheit. Ein antrainiertes Ritual, dem der Kreative mit Disziplin und Durchsetzungsvermögen treu bleiben soll.

Twyla Tharp gibt den Ritualen in ihrem Leben daher selbst genügend Raum: „... wie ein Bauer ..." steht die beinahe 70-Jährige jeden Tag frühmorgens auf, beginnt ihre Arbeit im Tanzstudio und geht früh zu Bett. Man sieht: Komplizierte Lösungen sind nicht ihre Sache. Wer seinen eigenen Weg gehen will, dem rät sie, sich mit der Einsamkeit anzufreunden und mit seinen Ängsten zu konfrontieren. Eine gute Übung: eine Woche lang ohne scheinbar Wichtiges wie Spiegel, Uhren, Zeitungen und sogar dem Sprechen auszukommen. Auf die Frage: „Was braucht es, um seinen eigenen Rhythmus zu finden?" antwortet Twyla Tharp schnörkellos und prägnant – ähnlich ihrem Stil auf der Bühne: „Practice."

ANSELM GRÜN

RAUM DER STILLE

„Geld gefährdet die innere Freiheit", sagt Pater Anselm Grün. „Wenn es im Mittelpunkt steht, wird der Mensch innerlich leer. Irgendwann geht dann in ihm etwas kaputt. Dabei könnte er so sorglos und frei sein."

Ein Benediktinermönch, der Bestsellerautor ist, seit 30 Jahren die Finanzangelegenheiten der Abtei Münsterschwarzach leitet, Aktienkurse in- und auswendig kennt und sich nicht viel aus Geld macht. Zumindest nicht für den persönlichen Gebrauch. Pater Anselm Grün hat an die 300 spirituelle Lebensratgeber geschrieben, über 14 Millionen Stück verkauft. Er hat Armut gelobt, kommt mit einem Taschengeld aus und ist in einer „alten Kiste" von Vortrag zu Vortrag unterwegs. Wenn er erzählt, was Führen für ihn bedeutet, spitzen Manager die Ohren: „Dass alle Mitarbeiter ihren gerechten Lohn erhalten, dass die Würde des Einzelnen geachtet wird, dass man an das Gute im Menschen glaubt", so der Mönch. Führen heißt für ihn vor allem, Leben in den Menschen zu wecken und dafür zu sorgen, dass sie aufrechter nach Hause gehen. Ohne Angst und ohne Depression.

Bereits als Junge verkaufte Anselm Grün im Elektrogeschäft seiner Eltern Glühbirnen und Taschenlampen. Heute führt er ein „kleines" Unternehmen mit rund 300 Mitarbeitern in über 20 Betrieben. Kreativität in finanzwirtschaftlichen Belangen reizt ihn. Wenn die Renditen höher ausfallen als die des Deutschen Aktienindex, macht ihn das zufrieden. Luxus ist für ihn keine Versuchung, Geld an sich nicht schlecht. Nur wenn es zum alleinigen Lebensmittelpunkt wird, höhlt es aus, macht es leer. Sein Motto: Wertschöpfung durch Wertschätzung. „Wer den Menschen achtet, kann auch reich werden – und selbst Mensch bleiben." Was für ihn zählt, ist, „wenn ich Menschen durch Bücher, Vorträge und Gespräche Wege weisen kann. Wenn ich spirituelle Erfahrung mache, wenn ich Gott suche und in der Stille einen tiefen inneren Frieden spüre." Aber wo steht denn der Wegweiser zur Einkehr, wie kann man sich ihr nähern? *„Ein wichtiger Weg, seinen inneren Seelenfrieden zu finden, ist, sich auszusöhnen mit sich selbst,* mit seiner Vergangenheit, mit den Verletzungen seiner Lebensgeschichte, mit seinem Leib, mit seinen Schattenseiten. Wenn ich Ja zu mir sage und wenn ich mich ganz und gar von Gott angenommen weiß, dann komme ich in Einklang mit mir selbst. Für mich ist die Meditation ein wichtiger Weg zu diesem inneren Frieden. Aber dazu gehört auch, dass ich Abschied nehme von Illusionen, die ich mir über mich selbst gemacht habe. Viele finden keinen Frieden, weil sie zu hohe Ansprüche an sich selbst haben. Das Abschiednehmen von solchen Illusionen tut durchaus weh."

Anselm Grün kennt den Rhythmus der Stille und praktiziert ihn täglich. „Die Stille hat für mich den Rhythmus des Atems. Der klassische Weg zur Stille ist die Meditation, in der ich auf den Atem höre. Im Ausatmen lasse ich alle Gedanken und alle innere Unruhe los und im Einatmen lasse ich den Geist Gottes in mich einströmen. Der Atem führt mich in den inneren Raum der

Stille, zu dem die Menschen und auch meine eigenen Sorgen und Ängste keinen Zutritt haben. Dieser Raum der Stille ist schon in uns. Aber wir sind oft davon abgeschnitten. Wenn wir in Berührung sind mit dem Raum der Stille, dann sind wir frei von den Ansprüchen der Menschen und wir kommen in Berührung mit unserem wahren Selbst."

Keine schlechte Idee, wären da nicht ein Berg an Arbeit, die Einflüsse von außen, die vielen „Ich muss, ich muss, ich muss", die so herrlich von sich selbst und seinen wahren Zielen ablenken können. Ist es so schwer, mit sich selbst auszukommen? Auch darauf hat Pater Grün eine Antwort: „Um mit sich selbst allein zu sein, braucht es eine gesunde Selbstliebe. Und es braucht den Mut, die eigene Wahrheit anzuschauen. Jesus sagt: „Nur die Wahrheit wird euch frei machen." Viele können nicht allein sein, weil sie Angst vor ihrer eigenen Wahrheit haben. Da könnten die Enttäuschungen und Verletzungen ihres Lebens wieder auftauchen. Oder sie könnten spüren, dass sie an sich selbst vorbeigelebt haben. Die deutsche Sprache zeigt uns einen Weg zum guten Alleinsein. Alleinsein heißt: All-eins-sein, mit allem eins sein. Wenn ich mich in der Tiefe meines Herzens mit allen Menschen und mit dem ganzen Kosmos und mit Gott verbunden weiß, dann ist das Alleinsein ein Geschenk. Ich leide nicht daran, sondern kann es genießen."

JOHANNES GUTMANN

DER WEISE NARR

Kann die Antwort auf Butterberge und Milchseen wirklich Druidentrank und Hexentee sein? Ja! Wenn man die Marke Sonnentor gründet, an die Kraft einer Idee glaubt und sich nicht von der Gier anderer mitreißen lässt.

Unsterblich wollten sie sein, so wie die Sonne. Und frei. Deshalb pinselten Waldviertler Bauern Sonnensymbole auf ihre Höfe, als Zeichen ihrer Freiheit. 1988 fuhr ein Fantast mit seinem Lieferwagen durchs Waldviertel und war auf der Suche nach einem Markenzeichen für seine Geschäftsidee. Das Sonnentor sprach ihn sofort an. Denn auch er wollte frei sein, etwas Eigenes machen, nicht mehr im Hamsterrad strampeln – weder in irgendeiner Firma noch am elterlichen Hof. Er hatte die Vision, dass er und die Bauern seiner Gegend dort bleiben können, wo sie waren: im kargen Waldviertel. Kein leichtes Unterfangen mit 23 Jahren und einer Landwirtschaft, die aus Milchseen und Butterbergen bestand. Vater Gutmann wollte nicht recht an seinen Sohn glauben, als er mit der neuen Idee anrückte. „Bua, was kannst, hast, bist du denn?“, fragte er, als Johannes Gutmann ihm erzählte, dass er Tee, Gewürze und Aufstriche verkaufen möchte. Das Sicherheitsnetz war klein, aber vorhanden: Sollte alles schief gehen, hatte er immerhin sein Erbteil in der Tasche und die Gewissheit, dass er bei seinen Eltern untertauchen könnte.

Doch so weit kam es nicht, im Gegenteil. Die Marke Sonnentor ist regelrecht durchgestartet. Heute besteht das Unternehmen aus 130 Mitarbeitern, macht 20,5 Millionen Euro Umsatz im Jahr und hat mehr als die Hälfte der Biofachmärkte erobert. „Wir kommen nicht vom Stress, sondern aus der Ruhe“, sagt Gutmann.

Doch wie ist das mit dem richtigen Zeitpunkt und dem Gespür dafür? „Jeder Zeitpunkt ist richtig“, sagt er und nippt an seiner Teetasse. „So wie man den eigenen Taten gegenüber eingestellt ist, so entwickeln sie sich auch.“ Er habe stets aus dem Bauch agiert, die Welt der Zahlen und des knallharten Business ist ihm fremd. „Ist die Zeit reif, kommen die richtigen Ereignisse und Menschen auf einen zu“, sagt er. *Das Wichtigste sei, dass man sich selbst liebt, seinen Ideen treu bleibt und auf sie vertraut.* Pessimisten, die einem abraten, dreinreden oder alles vermiesen wollen, gibt es zur Genüge. Ihren Giftpfeilen muss man geschickt ausweichen, schließlich bestimme das eigene Denken den Erfolg. Andere wären sicher davon überzeugt, dass die Bauern aus dem Waldviertel bedrohte Zwerge seien, viel zu klein für die agroindustriellen Strukturen der EU. Nur: „Zwerge können verdammt schnell und wendig sein.“ Und genau das ist er, samt seinen „Zwergen“, die für und mit ihm arbeiten. Sie erzeugen die Kräuter und Gewürze, er vermarktet sie. Und dafür nimmt Gutmann sich Zeit. Auch wenn er Geschäftsmann ist, haftet ihm etwas Narrenhaftes an. Er ist ein Geschichtenerzähler, glaubt an den Zauber, der manchen Dingen innewohnt, und möchte, dass auch seine Produkte etwas Anmutiges ausstrahlen. Deshalb nennt er sie Druidentrank, Sonnenkuss oder Hexentee. Und deshalb werden sie von Kinderbuchillustratoren grafisch in Szene gesetzt,

„weil die einfach ein besseres Gespür für Zauber haben". Gutmann sorgt für die Ideen und setzt sie zum richtigen Zeitpunkt um. Er reagiert nicht, er agiert und ist damit erfolgreich. *Vom Speed der Wirtschaft, von der Gier nach immer mehr und immer schneller lässt er sich nicht mitreißen. Er nutzt die Ruhe, kann abwarten, reflektieren.*

Auch privat lebt er lieber reduziert, wie er sagt. „Ich brauche kein Auto, keinen Urlaub, bloß zweimal am Tag etwas zu essen. Das sei befreiend", meint er. Auch Sokrates sagte, als er über den Markt schlenderte: „Ich bin so glücklich, weil ich all das nicht brauche." Beim Entschleunigen helfe der Blick auf die kleinen Dinge – selbst wenn das kitschig klingt: auf die Eisblumen am Fenster, auf die Kinderzeichnungen, die er geschickt bekommt, auf die Teefarbe im Häferl. Überhaupt gelinge es ihm heute besser, sich zwischendurch völlig auszuklinken. Und zwar ohne schlechtes Gewissen: „Ich bin nicht für jede Kleinigkeit verantwortlich. Das ist sehr entlastend", sagt er. Seinen Rhythmus bestimmt dabei auch die Natur. Im Frühjahr wird angebaut, bis in den Herbst hinein wird geerntet. „Und in der kalten Zeit, wenn die Bauern draußen nichts zu tun haben, können wir Tee abpacken." Da bleibt ausreichend Zeit für Rückzug, Wärme und Behaglichkeit. Und für neue Ideen.

MITTAGSPAUSE

Waschmittel Seifen Kosmet
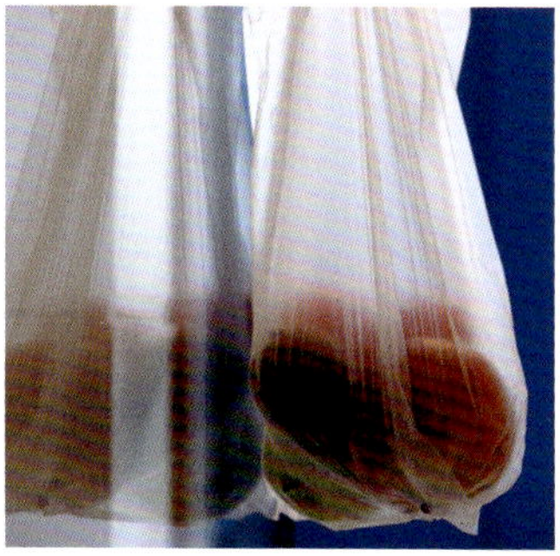

6.33

KOSTBAR

Der alte Feinkostladen – hier bestimmt Frau Hacke den Takt und nicht die Scannerkasse. Hier wird man persönlich empfangen und nicht von der Frage nach der Kundenkarte erschreckt. Der rostige Rollladen, der knarrende Boden, die massive Theke. Das sind die sichtbaren Relikte der alten Ladenkultur. Die unsichtbaren liegen noch viel tiefer: Es ist die Zeit, die zeitlos ist. Die drinnen anders tickt als draußen. „Grüß Gott, Frau Doktor", sagt sie – und meint damit: „Schön, dass du da bist!" Das spürt man auch. Die alte Dame, schicksalhaft mit ihrem Geschäft verbunden, verharrt wie in einem Raumschiff, das nicht mehr abheben wird. Sie hat die Zeit konserviert, kann und will sie nicht verabschieden, da schon lieber auskosten. „Zusperren? Nein, niemals", sagt sie. „Ich steh hinter der Budel, bis ich umfall." Das möchte man sich gar nicht ausmalen. Lieber kauft man indes noch bei ihr ein. Das ist eine leichte Aufgabe. Es gibt Joghurt mit Erdbeeren oder Himbeeren, Semmeln oder Schwarzbrot, drei Sorten Wurst, Weich- oder Hartkäse. Kein Produkt, das nach Aufmerksamkeit lechzt, keine übervollen Regale, keine Reizüberflutung. Man muss sich nicht entscheiden – man kann gar nicht, wie angenehm. Und praktisch. Der übervolle Speicher im Kopf kann pausieren, sich defragmentieren. Die Zeit steht fast still. Alles ist sanft und langsam. Bald geht's ohnedies wieder hinaus. Vorher noch mit Frau Hacke in der Langsamkeit versinken. Wie sie das Einkaufssackerl bedächtig einräumt. Wie sie lächelt und sagt: „Danke schön und auf Wiederschaun." Und wie sie eigentlich meint: „Die Zeit, die ist doch ewig, oder?"

JOHANNA MAIER

DIE KUNST DES EINFACHEN

Die einzige 4-Hauben-Köchin der Welt lässt sich ihr Leben schmecken. Ihr Rezept: ein großer Topf Stehvermögen, eine Prise Durchschnaufen, wenn es stressig wird, und eine Portion Dankbarkeit. Klingt einfach! War aber nicht immer so.

Der Weg, den Johanna Maier hinter sich hat, war mit Steinen gepflastert. Nichts fiel ihr jemals leicht oder einfach in den Schoß, nicht einmal das Kochen. Ihre Gaben waren anders verteilt und hatten das Etikett: hart arbeiten, nicht locker lassen, Zähne zusammenbeißen. Im Inneren brodelte der Gedanke „Ich weiß, was in mir steckt." Das war ihre Antriebsfeder, das spornte sie immer wieder aufs Neue an. Und das gab ihr auch die Kraft, durchzuhalten. Als wäre nichts Besonderes dabei, wenn der Wille, anders als die anderen zu kochen, da ist, aber das Können noch fehlt. Wenn das Bewusstsein sagt, weg mit der schweren Kost, hin zu feinen Gerichten, aber der Weg noch nicht klar ist. Wenn der Beigeschmack bitter ist, weil die Gäste ihre Art zu kochen auch nach Jahren noch nicht verstehen, geschweige denn anerkennen. Die Wertschätzung ließ sich Zeit. „Letztendlich wurde ich reich beschenkt", sagt Johanna Maier, die ihrem Weg beharrlich folgte, die mit Geniestreichen ausgestattet ihrem Ziel treu geblieben ist – sie tauschte ihr Topfenknödelrezept gegen fundiertes Koch-Wissen. Und die als einzige Köchin der Welt von Gault Millau mit vier Hauben ausgezeichnet wurde.

Ob sie stolz darauf ist? Nein! Bei dem Wort verzieht Johanna Maier die Miene, mag es nicht hören, denn es passt nicht in ihre Welt. Dieser Stolz würde sie auf ein hohes Ross heben, auf dem sie weder sitzt noch sitzen will. Johanna Maier ist dankbar. Dankbar dafür, dass sie die schweren Zeiten gemeistert und nicht aufgegeben hat. „Ich habe viele Situationen erlebt, wo ich gerne gesagt hätte: Ich mag nicht mehr. Aber ich habe mir immer gedacht, ich komme aus diesem Schlamassel schon wieder heraus." Jetzt wimmelt das Gästebuch nur so vor Lob und Anerkennung, von himmlisch und von paradiesisch ist da die Rede. Und das passt gut zu der zarten Gestalt der Johanna Maier, die im schneeweißen Dirndl durch die Küche des Feinschmeckerrestaurants „Hubertus" schwebt, abschmeckt, verfeinert, alles in größter Konzentration und Ruhe vollbringt.

Ihren Rhythmus hat Johanna Maier erst spät gefunden. „Es hat lange gedauert und ich bin froh, dass ich ihn endlich entdeckt habe", sagt die Köchin mit den vier Hauben. *„Um seinen Rhythmus zu finden, muss man sich Zeit nehmen, ständig an sich arbeiten, in sich gehen. Und dann das nähren, was wichtig ist, das weglassen, was es nicht mehr braucht."* Vom Komplizierten zum Einfachen – darin liegt das größte Geschenk für sie. Das Opulente abzuspecken, auch wenn es noch so verführerisch wirkt, und auf das Wesentliche zu achten – das hat sie in ihrer Küche und in ihrem Leben geschafft. „Es gelingt nicht immer, sich für das Einfache zu entscheiden. Aber wenn es gelingt, ist es ein Fortschritt."

Aber auch der Weg zum Einfachen war weder selbstverständlich noch leicht. Johanna Maier hat nicht gekocht, sondern ein Bild gemalt. Ein Bild aus Farben und Geschmacksnoten, die den Gaumen verführen sollten. Taten sie auch. Doch der unruhige Geist in Johanna Maier wollte etwas anderes, war weiter auf der Suche. Erst das Weglassen von ein, zwei Geschmackskomponenten, das Vereinfachen und Reduzieren brachte sie an ihr Ziel. „Was reduziere ich, wie reduziere ich, wie viel reduziere ich – das erfordert eine intensive Auseinandersetzung.“ *Sich ganz in eine Sache zu vertiefen, sie weiterzuentwickeln, zu bereichern, reifen zu lassen und dann in sich zu gehen und zu sagen „Moment, das gehört wieder weg“, ist zu ihrem Lebensrhythmus geworden.* Johanna Maier wusste dabei immer, ob sie richtig unterwegs war oder ob sie eine Abzweigung zu früh oder zu spät genommen hatte. „Eine Stimme in mir sagt dann: Du Hollerseppl, so kannst du nicht weitermachen. Ich spüre das, ob ich Fehler mache oder nicht, ob ich auf dem richtigen Weg bin oder nicht.“

Die Kunst des Einfachen lernen auch jene Menschen, die bei Johanna Maier ein Kochseminar besuchen. „Manche erzählen von den Bedenken, die sie haben, in einer 4-Hauben-Küche zu kochen, fragen sich, wo sie die Zutaten bekommen werden und wie sie das Gelernte zu Hause umsetzen können. Und am Ende des Tages sagen sie zu mir: Frau Maier, wie gibt es das, es ist so einfach!“

Abweichungen von ihrem Lebensrhythmus nimmt die Haubenköchin genau wahr. „Wenn ich nicht in meiner Mitte bin, dann merke ich das sofort. Ich kann dann nicht mehr so gut abschmecken, bin dann nicht mehr so feinfühlig. Auch wenn sonst alles gleich geblieben ist, es schmeckt anders." *Die innere Balance zu wahren und darauf vertrauen zu können, ist gerade beim Kochen eine der wichtigsten Zutaten.* „Wenn die Seele auch noch mit mir eins ist, dann werden die Gerichte ...", sie stoppt abrupt, sucht nach Worten. „Ich will nicht angeben, es gibt auch Menschen, die können wenig mit meiner Küche anfangen. Aber andere sagen: Es war himmlisch. Es war wie im Paradies."

LEBEN IST DAS,
WAS PASSIERT,
WÄHREND DU
FLEISSIG DABEI
BIST, ANDE-
RE PLÄNE ZU
SCHMIEDEN.

JOHN LENNON

MARTIN PIETSCH

TANZENDE BAUTEN

Der Berliner Architekt Martin Pietsch verbindet Baukunst mit Musik und lässt Bauten tanzen. Der Tanz war für ihn schon immer eine starke Inspirationsquelle. Denn so gelingt es ihm, den Rhythmus der Architektur mit Leichtigkeit zu versehen.

Ein paar Striche, Holzklötze, ein bisschen Sand, eine Schachtel: Bauen kann so einfach sein. Zumindest für Kinder. Erwachsene tun sich damit schon schwerer. Sie haben Respekt vor den Mauern und Wänden, die für die Ewigkeit gebaut werden und die bestimmen, wie sie leben. Jetzt und in Zukunft. Doch Bauen kann auch beschwingt, luftig und kurzweilig sein. Wie eine Zeltwand, die durch eine Brise in Schwingung gerät. Wie eine Luftmatratze, die auf dem Wasser tanzt.

„Es war die Musik des Todes, die in der Luft lag, als die Atombombe in Hiroshima explodierte. Da war ich gerade ein paar Stunden auf der Welt", sagt Martin Pietsch, Architekt und Designer aus Berlin. Und nicht nur Hiroshima stimmte ihn traurig, sondern auch anderes Leid, Hass und Krieg, der auf der Welt herrschte. Er wollte etwas ändern. „Ich habe vieles in meinem Leben ausprobiert, um eine schöpferische Lebensweise zu kreieren in einer Welt, die nur noch den Krieg als entscheidenden wirtschaftlichen Motor des „Überlebens" kennt." Anfangs glaubte er als 68iger noch an den Gang durch die Institutionen. Kinderladenarbeit, politische Nachtgebete, Aufbau einer alternativen Schule für Musik, Tanz und Theater, politische Stadtteil- und Medienarbeit. „Bis ich merkte, dass all diese Lebensrhythmen das Zentrum des Lebens nie bewusst miteinbinden." Und bis er seinen gestalterischen Weg fand und sich über Architektur auszudrücken begann. Und dabei „Räume zum Tanzen“ brachte, wie er sagt. Wie das geht? „Formfindung hat ihren Ursprung in der Liebe. Kommt sie durch Töne und Rhythmen in Schwingung, erzeugt sie eine Verdichtung, eine Form“, ist Pietsch überzeugt. Und weiter: „Je mehr sich davon in dem zu gestaltenden Auftrag wiederfindet, desto mehr Kraft wird in der Form versammelt sein.“ Dabei hört er auf seinen Körper und seine Gefühle. Der Tanz ist dabei ein gutes Medium für ihn. So entstand etwa ein Uferweg für ein Musikfestival in Portugal, der „Tanz der Anakonda“ heißt. Der verschlungen, mal rechts, mal links, durch Wasser und Wiesen führt. Der mit Eukalyptusstangen, Stahlseilen und Fischernetzen gesäumt ist und an eine Partitur aus Rhythmus und Melodie erinnert. Pietsch: „Ein Weg zu einem Festival, das sich besonders mit Zukunftswissen beschäftigt, darf nicht nur eine Strecke sein, die man schnell hinter sich gebracht haben will. Er muss ein sinnlich und geistig inspirierender Weg sein, der die Menschen zu einem Tanz verführt.“ Musik, namentlich ihre Umsetzung im Tanz, war für Pietsch schon immer eine starke Inspirationsquelle. „Mein Ausgangspunkt für die Formbildung ist meistens mein Körpergefühl“, erklärt er. „Ich fühle die Form viel mehr, als dass ich sie berechne – und dabei haben mir immer der innere Tanz der Seele und der äußere Tanz des Körpers geholfen.

So wie ein Tanz Melodie und Rhythmus in eine vielgestaltige Bewegung umsetzt, so suche ich nach architektonischen Formen, die die Natur und die Menschen zu einem gemeinsamen Tanz verführen und vereinen."

In den vergangenen zehn Jahren war Martin Pietsch vor allem für das Friedensforschungszentrum Tamera in Portugal tätig, konzipierte Dachkonstruktionen, Häuser und Ateliers. Und brachte sie in eine Form, die auch die Ästhetik des Innenraums berücksichtigt. So werden selbst einfache Zweckbauten in fast sakral anmutende Gebäude verwandelt, in denen sich Leib und Seele wohlfühlen.

Pietschs Arbeit ist dennoch keine Selbstbeschau, er versucht, sich mit Tieren und Pflanzen „zu verbinden", sie in den Bauprozess einzubinden. Abgrenzung zerstöre nämlich den Zusammenklang des „fein verwobenen Orchesters". Denn: „Alle Lebewesen sind unsere Mitarbeiter", erklärt er. „Eine zukünftige Architektur hat die Aufgabe, eine Vielzahl von Räumen aufzubauen, wo sich Vertrauen zwischen allen Lebewesen entfalten kann. In indischen und indonesischen Urkulturen war es sogar üblich, Rattentempel mit in die Planung von Siedlungen einzubeziehen, um ein kooperatives Zusammenleben und nicht ein konkurrierendes oder gar feindliches Umfeld zu initiieren. Ein sehr weiser spirituell-politischer Akt", meint Pietsch.

MUT ZUR LÜCKE

Mal ehrlich, wann waren Sie das letzte Mal im Theater, sind durch den Wald gehirscht oder haben sich im Freibad einen Platz an der Sonne gesucht? Wann haben Sie das Hamsterrad angehalten und der Kunst des Nichtstuns gefrönt, ohne dabei an der inneren Unruhe zu zerbersten? Und wann haben Sie das letzte Mal auf den Ruf Ihres Handys reagiert, Ihre E-Mails gecheckt, im Internet gesurft? Immer ist da dieses Klingeln, Piepsen und Klopfen der Außenwelt. Und das Gefühl, etwas zu versäumen. Alle schimpfen über Stress, aber jeder lässt sich stören. Wir stehen unter Strom – und obwohl wir immer einen noch höheren Gang einlegen, schnaufen und sprinten, kommen wir mit dem herrschenden Tempo nicht mit. Multitasking ist unser zweiter Vorname, alles gleichzeitig zu machen und dabei auch noch zu glauben, dass dies wirklich möglich ist – darin sind wir Meister. Wir sind wie Sisyphos am Computer. Am Ende des Tages ausgepumpt, erschöpft und leer. Auch seelisch. Das ist kein wohliges Erfolgsgefühl mehr, sondern Leergut, das wir stapeln. Denn das Aufmerksamkeitsshopping bringt uns keine tiefergehenden Erfahrungen mehr. Es zermanscht uns. „Multitasking ist Körperverletzung", schreibt der FAZ-Herausgeber Frank Schirrmacher, und er hat recht. Es ist zwar möglich, mehrere Dinge auf einmal zu machen, doch langfristig kommen wir dabei unter die Räder. Es sei denn, wir aktivieren den inneren Zensor und drücken ihm ein Megaphon in die Hand. Damit er „Neiiin!" schreit, bevor wir wieder springen, sprinten und rennen. Damit wir öfter mal abschalten, durchschnaufen, uns ausklinken. Den Mut zur Lücke haben. Nicht erreichbar sind, intensiv am Leben teilnehmen. Denn allein die Lücke schafft wieder neuen Raum. Für einen Besuch im Theater, für eine Runde im Wald, für eine Sonnenstunde im Freibad.

FRANZ WELSER-MÖST

DIE LEICHTIGKEIT DES DIRIGIERENS

Der Dirigent und Generalmusikdirektor der Wiener Staatsoper, Franz Welser-Möst, kennt das Paradoxon des Führens. Führen bedeutet für ihn zu dienen. Sich der Kunst zu verpflichten. Und das Gemeinwohl über das Wohl des Einzelnen zu stellen. Aus dieser Hingabe findet er zur Leichtigkeit der Musik, erkennt ihren Puls und folgt ihrem Rhythmus.

„Ich gebe ihnen jede Freiheit, die sie brauchen, damit sie das tun, was ich will." Franz Welser-Möst, Dirigent und Generalmusikdirektor der Wiener Staatsoper, zitiert gerne den Ausspruch Herbert von Karajans, der einer der Gründe war, warum Musiker so gerne mit Karajan gearbeitet haben. Diese Art des Führens entspricht auch Franz Welser-Möst: „Das ist das perfekte Paradoxon, das wirklich gute Führung ausmacht. Jeder bekommt seinen Freiraum, aber derjenige, der führt, gibt die Marschrichtung vor." Franz Welser-Möst fühlt sich wie ein Steuermann, der die Seekarte genau studiert hat und der weiß, wohin die Reise geht. „Ich kann nicht Oboe spielen. Oder den Part des Siegfried singen, aber ich kann mein Orchester dorthin leiten, wo es für die Musiker einfacher wird. Und das führt dann zu einem besseren Resultat." Darin liegt für Franz Welser-Möst auch der Zauber des Musizierens. „Wenn man das Gefühl hat, alles wird eins. Je näher man diesem Zustand kommt, desto faszinierender wird es. Dann bekommt man viel von der Energie, die man gibt, auch wieder zurück", so der Dirigent.

Nicht immer ist von vornherein klar, wohin die Reise geht. Doch als Dirigent bereitet man sich gut darauf vor. Dazu zählt, dass man die Architektur, den Bauplan eines Werkes genau kennt. „Ein Komponist verfügt über Bausteine, die er nach einem ganz bestimmten Plan zusammensetzt. Diesen Plan müssen Sie als

Interpret kennen. Sie müssen wissen, welche Zimmer es gibt und welche Emotionen dort auf Sie warten." Franz Welser-Möst bezeichnet das als „Architecture of Emotion", und die sei sorgsam geplant. Da gibt es emotionale Räume in Rot, wo Wut vorherrscht. Blaue Räume, in denen es friedlich zugeht. Und giftgrüne, die hasserfüllt sind. Dabei geht es immer um die Emotionen des Komponisten, die man erkennen muss. Um die Sache zu erleichtern, gibt es Erkennungschiffren: Welche Harmonie, welche Tonart, welchen Rhythmus hat der Komponist verwendet. *„Schließlich kann man ja nicht allem den gleichen Impact geben, alles gleich intensiv spielen. Denn wenn etwas keinen Rhythmus in sich hat, wird es vor allem eines: langweilig"*, so der Dirigent.

Franz Welser-Möst versteht sich als Interpret. Für ihn bedeutet dieses Wort nichts anderes als dessen Übersetzung aus dem Lateinischen: interpretare – zwischentragen. Er bringt das Stück vom Komponisten zum Publikum. Auch hier wird Franz Welser-Mösts Führungsprinzip klar: Führen heißt für ihn dienen. Wer wie er für eine Institution verantwortlich ist, für den hat die Kunst oberste Priorität. Gefolgt vom Gemeinwohl, das über dem Wohl des Einzelnen steht. „Und das können Sie nur rüberbringen, wenn Sie bei sich selbst anfangen", meint der Dirigent. Um diesem Prinzip treu zu bleiben, sucht Franz Welser-Möst die Tiefe einer Beziehung. Zur Kunst, der er verpflichtet ist, zum Haus, das er leitet, und zu seinem Orchester, das er führt. Aus dieser Hingabe findet er die Leichtigkeit der Musik, erkennt ihren Puls und folgt ihrem Rhythmus.

Kein Wunder also, dass Franz Welser-Möst jedem Kunstwerk die Freiheit gibt, die es braucht. Und die Aufmerksamkeit, die es verdient. Wer ihm bei Proben zusieht, wird bemerken, mit welcher Leichtigkeit er die Emotionen des Komponisten aufgreifen kann, welch feines Gefühl er für den Rhythmus des Werkes hat und wie detailorientiert er in Bezug auf die Sprache ist. Er sieht sie nicht nur im Zusammenhang mit Musik, sondern im Zusammenklang. Der Fluss des Textes bestimmt das musikalische Tempo. „Diese spezielle Beziehung zwischen Wort und Ton ist etwas, auf das ich großes Augenmerk lege“, so der Dirigent, „ganz besonders natürlich bei Richard Wagner, der nicht nur Musiker, sondern auch Dichter war. Er hat sogar eine eigene Kunstsprache erfunden, die ganz eng mit den musikalischen Ausdrucksformeln einhergeht. Oder nehmen Sie Mozart und seine Art, wie er die italienische Sprache gehandhabt hat. Da wird klar, dass beides unglaublich wichtig ist. Und dass man darauf achten muss, dass diese verschiedenen Komponenten zusammenfließen.“

„Rhythmus ist eine Sache, Puls eine andere“, philosophiert Franz Welser-Möst weiter. „Rhythmus ist ein starr, genau vorgegebener

Zeitraster. Wie ein Metronom, das Sie einschalten und das gleichmäßig vor sich hin tickt. Puls hingegen bedeutet Leben. Das ist eine Wellenbewegung, manchmal flach, manchmal steil, immer anders. Der Puls ist dem Rhythmus in der Musik überlegen. Den Puls zu finden bedeutet, den Rhythmus loslassen zu können. Das ist genau der Moment, wo ein starrer Rhythmus in ein Pulsieren übergeht. Das beherrschen nur wenige. Es gibt Musiker, die sich exakt an den Rhythmus halten, und die Musik fängt nie an zu pulsieren. Das ist dann furchtbar langweilig", so Franz Welser-Möst. Wer die Freiheit nutzen möchte, muss wissen, wie die Ordnung funktioniert. *Wer den Rhythmus kennt, kann mit dem Puls in der Musik spielen. „Ich glaube, das ist auch im Leben so. Sie müssen Ihren Puls finden.* Für mich ist mein Lebenspuls heute ein anderer als der, als ich zwanzig war. Über diese Dinge lohnt es sich, nachzudenken. Und es lohnt sich, sie ins tägliche Leben einfließen zu lassen."

Franz Welser-Möst hat den Puls gefunden, der sein Leben bestimmt. Das war 1974 am Linzer Musikgymnasium. Er kann sich noch genau an die erste Musikstunde erinnern und an das Aha-Erlebnis: „Da wusste ich plötzlich, Musik ist das, was ich machen möchte, was mich fasziniert." Doch nicht immer gab es nur Lichtblicke in seinem Leben, auch finstere Momente gab es für Franz Welser-Möst. Als er nach einem Autounfall seinen

Wunsch, Geiger zu werden, aufgeben musste, war dies ein harter Schlag. Aus heutiger Sicht ein Glücksfall. Sonst wäre er nie Dirigent geworden. Franz Welser-Möst wurde entdeckt und gefördert, mit Auszeichnungen geehrt. Und doch kam er auch an jenen Punkt, wo er alles aufgeben wollte. Die Leitung des Londoner Symphonieorchesters wurde zu einer Herausforderung, die er nicht meistern konnte. „Aus Verantwortung heraus musste ich zurücktreten, weil ich mich als Belastung für das Orchester wahrnahm. Ich stand vor dem Nichts. Einen Monat später kam dann das Angebot aus Zürich. Ich habe mir gedacht, dann probiere ich es noch einmal." Und es hat geklappt. Franz Welser-Möst hat nicht aufgegeben. Warum auch? „Ich habe ja nicht nur dieses musikalische Talent, ich habe auch andere mitbekommen. Ich habe ein Organisationstalent und sicherlich auch ein Talent, zu führen. Das habe ich mir nicht erworben, das ist mir in die Wiege gelegt worden. Talent ist eine Verpflichtung. Diese Verpflichtung heißt für mich, Verantwortung für die Talente zu übernehmen, die ich bekommen habe. Jeder Mensch hat Talente, die meisten haben sogar mehrere. Leider lassen viele ihre Talente verkümmern, treiben Schindluder damit und sind orientierungslos. Ich glaube, wenn man die Verantwortung für die eigenen Talente annimmt, ergibt sich daraus ein eigener Lebensrhythmus. Und zwar ganz von selbst."

RAMESH NAIR

NEIN-SAGER

Nein sagen zu können, ist ein Glücksgefühl. Vor allem, wenn man dabei auf sich hört und ehrlich zu sich ist. So schwer ist das gar nicht. Nicht einmal für einen Zappelphilipp wie den Tänzer und Choreografen Ramesh Nair.

Wenn Inder ja sagen, schütteln sie dabei den Kopf. Sie meinen ja, sie deuten nein – also wie jetzt? Für Menschen aus dem Westen sieht das verwirrend aus. Ramesh Nair, bekannt aus Film und Fernsehen, ist jener Choreograf, der bei „Dancing Stars" in der fünften Staffel den zweiten Platz belegt hat. Er kann nicht nein sagen. Besser gesagt, er konnte nicht nein sagen. Bis ihm dann fast nichts anders mehr übriggeblieben ist. Nach zehn Jahren durcharbeiten – ohne Pause, ohne Urlaub – gehörte Ramesh Nair zu jenen Menschen, die fünf, sechs Projekte nebeneinander machen. Die sich gleich ins nächste hineinstürzen, kaum dass eines zu Ende war. Die sich selbst nur mehr durch die Arbeit spüren. Und die Angst haben, etwas zu versäumen. „Ich habe zu einem neuen Projekt immer schnell ja gesagt. Ohne lange zu überlegen. Das Sicherheitsdenken spielte dabei auch eine Rolle. Als Künstler weiß man ja nie, was im nächsten Jahr sein wird", so Ramesh Nair. Wenn ein Tänzer nicht auf seinen Körper hört, kann das fatale Folgen haben. Hatte es auch. Ramesh Nair ignorierte alle Signale seines Körpers, bis er plötzlich mit der Diagnose „Stressherz" dastand. Das löste Panik aus, und er stieg auf die Bremse – aber nur für kurze Zeit. Er wollte doch berühmt werden. Im Mittelpunkt stehen, wie die meisten Künstler. Mit „Dancing Stars" ist ihm das gelungen. Doch bald merkte er, dass das Rampenlicht auch Schatten wirft. Dass die Präsenz in der Öffentlichkeit schnell zu viel werden kann. Und dass Interviews geben auch langweilig wird. Und kräfteraubend ist. Plötzlich trägt man ein Gesicht, das alle kennen. Und das einem selbst ständig unterkommt. „Ich hab dann schnell gemerkt, das bin nicht ich, das passt nicht zu mir. Es ist anstrengend, es ist harte Arbeit. Und es bleibt viel zu wenig Zeit für mich."

Als die letzte Staffel „Dancing Stars" gedreht und das beste Tanzpaar gekürt war, war Ramesh Nair nur mehr eines: froh, dass es vorbei war. Und ausgelaugt. In dieser Verfassung blieb ihm gar nichts anderes übrig, als das nächste Projekt abzusagen. Nein gehörte plötzlich zu seinem Wortschatz. Und es fühlte sich richtig an. Der nächste Schritt: Blau machen, auf Urlaub fahren, am besten gleich ein paar Mal. Der Kopf konnte nicht genug davon bekommen, brauchte Zeit, alles zu verarbeiten, sich neu zu sortieren, Erlebnisse wieder loszulassen. „Nach drei Tagen hatte ich immer noch Alpträume, und da wusste ich, dass mich noch etwas beschäftigt. Dem hab ich dann Platz gegeben. Zum ersten Mal. Das war sehr schön."

Ramesh Nair, der allein schon durch seinen Beruf als Tänzer und Choreograf viel Feingefühl für Bewegung braucht, hat seinen Lebensrhythmus verändert. „Ich bin erst einmal zu neuen Kräften gekommen. Dann habe ich mir bewusst gemacht, was ich überhaupt will. Wer ich bin. Was ich gelernt habe und was mich verändert hat. Das braucht viel Zeit. Ich habe mich teilweise zu Hause eingesperrt und auf Impulse gewartet. Ob ich es ganz herausgefunden habe, weiß ich noch nicht. Aber es war genug, um zu sagen: Es geht auch langsamer. Es läuft mir nichts davon. Und wenn etwas passieren soll, dann kommt es eh auf mich zu.“ *Ramesh Nair hat sich aus dem Strudel der Ereignisse herausgenommen, wählt seine Arbeiten nun überlegt aus, lässt sich Zeit dabei, hört auf sich.* Und entscheidet sich für Projekte, die ihm am Herzen liegen. „Es kann sein, dass ich mich wieder übernehme. Aber dann mache ich es, weil es mir Spaß macht und nicht, weil ich mich spüren muss. Das ist ein anderer Zugang“, so der Tänzer.

Es klingt so, als ob Zeit ein Heilmittel wäre. Ramesh Nair nickt und erzählt von seinen Ausflügen nach New York, von der Zeit, die er braucht und sich jetzt auch nimmt, um Neues entstehen zu lassen. Um sich inspirieren zu lassen. Um neuen Wind durch seine Gedankengänge ziehen zu lassen. Sonst leidet die Kreativität. Obwohl: Bei ihm reichen schon ein paar Takte Musik und alle guten Geister in ihm stehen habt-Acht. „Bei mir ist es immer die Musik, die mir in den Körper schießt, da bin ich sofort hellwach. Die löst bei mir alles aus. Da muss ich mich gar nicht vorbereiten.“ Ramesh Nair hört das Stück, das er choreografisch umsetzen soll, setzt ein Bein vor das andere, bewegt sich, als hätte er ewig überlegt, und tanzt. Folgt dem Impuls, der ihn in Schwingung setzt, verschmilzt mit der Musik.

Er nimmt sich mit Leib und Seele des Stückes an, vermittelt und verstärkt, was die Musik ausdrücken möchte, und erzählt die Geschichte des Werkes auf seine Art. „Das ist keine Arbeit. Das ist wie ein Kreuzworträtsel, das ich lösen muss. Oft habe ich schon alle Bilder im Kopf, dann kann es mir nicht schnell genug gehen, sie umzusetzen", so der Künstler. Er ist Feuer und Flamme für das Stück, den Tanz, die Tänzer, die gesamte Komposition.

Das war bei Ramesh Nair schon immer so. Bereits als kleiner Bub war er ein großer Fan von Fred Astaire und Gene Kelly, hat alle Metro-Goldwyn-Mayer-Filme gesehen – nicht nur einmal – und konnte seiner Natur entsprechend nicht ruhig sitzen bleiben, sondern ist bei jeder Tanzszene mitgezappelt, wie er sagt. „Ich habe immer im Stehen ferngesehen und bin im Wohnzimmer herumgesprungen. Meine Mutter hat dann gemeint: Das ist hier ein bisschen heikel mit der Einrichtung, geh doch mal in die Ballettschule." Auch wenn es dort noch nicht das Richtige war, das Gefühl für den eigenen Rhythmus wurde geweckt und geschult. Mit zwölf Jahren hat er sich dann seine eigenen Steppschuhe gebastelt: Er klebte sich Kronkorken von Bierflaschen auf die Schuhsohlen und los ging es. „Das war mein erster Rhythmus." Seither hat ihn das Tanzen nicht mehr losgelassen. Vom Leistungsstepptanz bis zu Weltmeisterschaften – er tanzte sich nach oben. Für seine Eltern war das ein netter Zeitvertreib. Sie lobten ihn mit den ewig gleichen Worten: „Schön gemacht" und hofften auf Besinnung. Bankkaufmann schwebte ihnen vor. Erst als Ramesh Nair zum ersten Mal Geld verdiente und sein Name in der Zeitung stand, war die Welt für sie in Ordnung.

„Ich weiß zwar nicht, wo er herkommt, aber ich habe den Rhythmus im Blut. Die vielen Filme haben ihn aus mir hervorgelockt." Doch Ramesh Nair hat auch die Fähigkeit, andere auf einen gemeinsamen Rhythmus einzustimmen. Bei „Dancing Stars" war das so. „Einfach nur den Rhythmus fühlen. Wo geht der Körper hin. Wie fühlt sich das an. Wie steht man, wo ist das Gewicht", lauschte der Choreograf geduldig den Anweisungen. Dann kam die erste Drehung, der erste Schritt und schon bewegt man sich. Die erste Hürde ist geschafft. Dann ging es weiter. Wiegeschritt. Und Walzerschritt. *Der schwierige Teil der Übung: sich dem anderen ganz anzuvertrauen. Und genau das ist das Schöne am Tanzen: Man kann sich nicht verstellen, muss ehrlich zu sich und zu anderen sein.* Kann seine Fassade in der Garderobe abgeben. Und sich führen und fallen lassen.

Ein Herzensausgleich für Ramesh Nair ist die Arbeit mit Kindern und Jugendlichen. Mit der „Sophistikids Company", seinem

Verein, der Acht- bis Einundzwanzigjährige in den Bereichen Tanz, Gesang und Schauspiel fördert, kann Ramesh Nair das weitergeben, was er sich selbst hart erarbeitet hat. Leicht macht er es den Kindern nicht. Er fordert Disziplin, will, dass sie wach sind und engagiert. Die Kinder, die neu dazustoßen, haben noch ihren ganz eigenen Rhythmus. Sie sind sehr langsam, nicht bereit, sich großartig anzustrengen, schlendern durchs Leben. Nach drei Monaten schaut alles anders aus. Da haben sich die Neuen dem Tempo der Gruppe angepasst. Und das ist schnell. Manche nehmen den Rhythmus aus dem Tanzsaal mit in die Schule, werden dort besser, reifer und erwachsener.

Die Arbeit mit den Kindern ist eine große Verantwortung. Da muss man ganz viel Vertrauen geben, sagt der Choreograf. Denn je mehr die Kinder sich selbst vertrauen, desto mehr können sie den anderen geben. Sie lernen, sich zu mögen. An ihre Grenzen zu gehen. Ihre Schwächen und ihre Stärken auszuhalten. „Haltung und Rhythmus, Bereitschaft und Offenheit das hängt alles zusammen. Je ehrlicher man zu sich selbst ist, desto offener und bereitschaftsfähiger ist man anderen gegenüber. Sich selbst einen Spiegel vorzuhalten, die Fassade abzulegen und auf die innere Stimme zu hören, die vielleicht nicht in Balance ist. Und sich nach dem Warum fragen. „Ehrlichkeit, verbunden mit Willen und Mut, mehr braucht es nicht. Dann gehen viele Dinge auf. *Der Lebensrhythmus wird sich verändern und man stimmt endlich wieder mit sich überein.*“

„ZEIT HABEN HEISST WISSEN, WOFÜR MAN ZEIT HABEN WILL UND WOFÜR NICHT."

EMIL OESCH

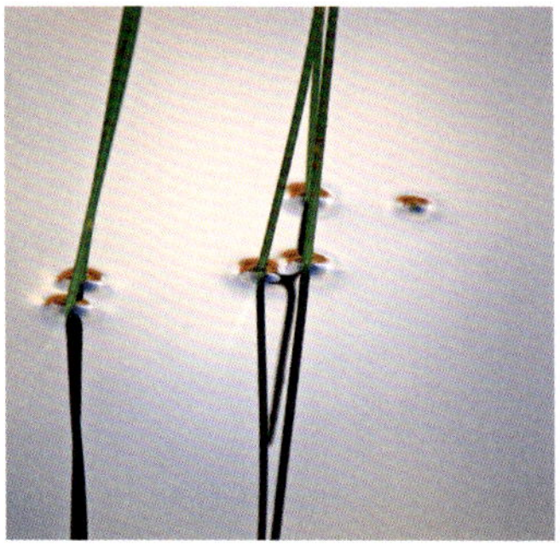

ENDE GUT, ALLES GUT

Die amerikanische Life-Coaching-Expertin Martha Beck beschreibt in ihrem jüngsten Buch eine erstaunlich andere Sicht auf die Zeit, die zu größerem seelischen Wohlbefinden und zum Erreichen persönlicher Ziele führen kann. Auslöser dafür war eine Erkenntnis ihres Aikido-Lehrers. Der ehemalige Polizist hatte einen Ausweg aus einer misslichen Lage gefunden. Musste er eine Gerichtsvorladung überbringen und dabei mit bewaffneten Drogendealern rechnen, stellte er sich den Ausgang dieser Begegnung vor: friedliche und kooperative Verbrecher. Und tatsächlich: Die Dealer ließen sich sang- und klanglos abführen. Der Trick dabei: Er dachte nicht linear, also vom Anfang zum Ende, sondern drehte den Spieß um, begann beim Ende, verband es mit positiven Gefühlen und arbeitete sich von dort – gedanklich natürlich – bis zur Jetzt-Situation vor. Als Martha Beck diesem Phänomen nachging, entdeckte sie, dass dieses „Rückwärtsdenken" in der alten druidischen Kultur Großbritanniens, aber auch bei den Schamanen der Lakota, den Heyoka, weit verbreitet war. Dort mündete diese Denkweise sogar in eine neue Lebensform: Die Lakota-Indianer gingen rückwärts oder ließen ihre Pferde rückwärts traben. So weit muss es bei uns nicht kommen. Aber was hilft, ist, sich dem emotionalen Ziel eines Wunsches zuzuwenden. Dabei kommt es nicht darauf an, dass diese Wünsche per se glücklich machen, sondern zu glücklich machenden emotionalen Zuständen führen. Die Sehnsucht nach diesen Zuständen ist essenzieller als der Wunsch selbst. Menschen, die in dieses Gefühl eintauchen und es schaffen, es mithilfe einer kurzen Meditation im Alltag zu erhalten, erreichen viel wahrscheinlicher ihre gewünschten Ziele und Ergebnisse. Eine Wunschvorstellung? Auf jeden Fall einen Versuch wert.

IRENÄUS EIBL-EIBESFELDT

GUTE AUSSICHTEN

Der berühmte Verhaltensforscher und Humanethnologe Irenäus Eibl-Eibesfeldt macht sich über die Zukunft des Menschen Gedanken. Gefährlich weit habe sich der Homo sapiens von seinen Wurzeln entfernt. Deshalb predigt Eibl-Eibesfeldt, die Grundzüge des menschlichen Wesens nicht zu verkennen.

Professor Dr. Irenäus Eibl-Eibesfeldt ist einer der bedeutendsten Verhaltensforscher im deutschen Sprachraum. Der Schüler von Konrad Lorenz hat das Verhalten erforscht wie kein anderer – erst beim Tier und dann beim Menschen. Aus seinen Forschungsansätzen entwickelte sich eine neue wissenschaftliche Disziplin, die Humanethnologie. Der Professor hat die Welt gesehen, Stammesgesellschaften und Steinzeitvölker auf drei Kontinenten besucht und ist mit mehr als 300 Kilometern Filmmaterial zurückgekehrt. Sein Ziel ist, eine „Urgrammatik" menschlichen Verhaltens zu formulieren. „Posieren", „Nachahmung", „Körperpflege", „Begrüßung", „Trauer" – so sind die Aktenordner bezeichnet, die sein Arbeitszimmer von einer Ecke zur anderen ausfüllen. „Mich interessierten soziale Beziehungen und menschliche Überlebensstrategien wie Liebe, Hass, Trost und Konflikte", erklärt Eibl-Eibesfeldt. Wenn er von seinen Reisen berichtet, funkeln die Augen des Verhaltensforschers, sein Redeschwall ist nicht mehr zu bremsen. Jahrzehntelange Forschungsreisen, da gibt es viel zu berichten. Manchmal waren Eibl-Eibesfeldt und sein Team der erste Kontakt, den diese Menschen je zur Außenwelt hatten, noch vor den christlichen Missionaren. Immer wieder reiste er zu Buschleuten in die Kalahari, zu Höhlenbewohnern in die Bergwälder Mindanaos, zu Indios an den Amazonas. Irenäus Eibl-Eibesfeldt – sein Vorname bedeutet „der Mann des Friedens" –

war es, der sich dafür stark machte, die Galapagos-Inseln unter den Schutz der UNESCO zu stellen. Seine Forschungsarbeiten brachten höchst interessante Ergebnisse zutage: *Die Theorie, dass wir als unbeschriebenes Blatt auf die Welt kommen und erst alles lernen müssen, was wir zum Leben brauchen, ist längst überholt.* Aggressives und altruistisches Verhalten sei durch stammesgeschichtliche Anpassung vorprogrammiert – also nicht ausschließlich ein Produkt von Erziehung oder Lebensart. Das Problem sei dabei das Jäger- und Sammler-Hirn, mit dem wir auch jetzt noch durch die Gegend laufen. „Weil diese Entwicklungsstufe 98 Prozent unserer Geschichte ausmacht, bestimmt sie immer noch unser Handeln, Denken und Wahrnehmen in entscheidendem Maße. Unsere emotionelle Ausstattung, unsere elementaren zwischenmenschlichen Verhaltensweisen, Liebe, Hass, Rangstreben, territoriale Aggression und vieles andere entwickelten sich in jener langen Zeit, in der unsere Ahnen auf altsteinzeitlicher Entwicklungsstufe in Kleinverbänden vom Jagen und Sammeln lebten", so Eibl-Eibesfeldt. Und weiter: „Wir haben uns in der uns angeborenen Aktions- und Reaktionsausstattung in den letzten 10.000 Jahren biologisch nicht geändert. Wohl aber entwickelten wir mit der technischen Zivilisation, der großstädtischen Umwelt und der anonymen Großgesellschaft eine neue kulturelle Umwelt, für die wir biologisch nicht geschaffen wurden."

So wie es aussieht, haben wir uns an die komplexe Welt noch immer nicht sonderlich gut angepasst. Früher gab es keinen Boss, niemand war bei einem anderen angestellt, Mobbing kannte man damals nicht, auch nicht das Konzept der Entlassung, das Stress und Verunsicherung verursacht. Wir lebten in kleinen Gruppen, in einer Atmosphäre des Vertrauens, jeder kannte jeden, war auf sich gestellt – unabhängig und frei. Arbeit war keine Fron, sondern ein Vergnügen – trotz der Gefahren, die ständig lauerten. „Wir waren in die damalige Umwelt gewissermaßen harmonisch über einen langen stammesgeschichtlichen Anpassungsprozess eingewoben", sagt Eibl-Eibesfeldt.

Jetzt sieht die Situation anders aus. Oft haben wir es mit Menschen zu tun, die wir nicht kennen, und reagieren auf diese neue Herausforderung mit Angst, Unsicherheit, Zweifel. Wir erleben das Zuviel an Kontakten als Stress, klagen aber über die Einsamkeit in der Massengesellschaft. Wir vermissen das Eingebettetsein in eine kleine Gruppe von Menschen, die uns vertraut ist. Manche unserer Familienangehörigen sehen wir nur selten, sie leben weit verstreut. „Es gibt eine Vielzahl von neuen Belastungen, für die wir biologisch unzureichend vorbereitet sind und die wir daher anders erleben als jene Belastungen, mit denen unsere Ahnen konfrontiert waren", weiß Eibl-Eibesfeldt. „Nie hat sich unsere Umwelt so schnell gewandelt wie heute. Auf jede dieser

Veränderungen reagiere der Mensch mit neuem Verhalten. Die Großstadt, die Kleinfamilie, die Globalisierung, die Migration – all das seien riskante Verhaltensexperimente mit ungewissem Ausgang. „Natürlich gehen sie nicht alle schief", meint er, „sonst würde es uns ja gar nicht mehr geben."

Haben wir uns selbst aus dem Paradies vertrieben? Sollten wir also zurückkehren zu unserem stammesgeschichtlichen Leben? Daran glaubt Eibl-Eibesfeldt nicht. Es wäre auch schade. Schließlich ermöglichen uns die Großgesellschaft und die technische Zivilisation kulturelle Leistungen, die wir in der Kleingesellschaft nie vollbringen könnten. *Dazu kommt unsere Begabung zur Kultivierung unseres Lebens, die Vorstellungen von Glück und Harmonie, die Fähigkeit, für die Zukunft zu planen, sowie eine Reihe von höchst positiven sozialen Anlagen, wie die angeborene Fähigkeit zu Liebe, Mitgefühl und Sympathie.*

Nicht zu vergessen: das Streben nach einem besseren Leben, das uns dorthin gebracht hat, wo wir heute sind. Alle Organismen sind „Sucher nach einer besseren Welt", wie der Philosoph Karl Popper sagte, und wir Menschen sind das in besonderer Weise.

Was fehlt uns also, um auch in Zukunft gut über die Runden zu kommen? „Das, was wir in uns tragen, muss nur anders gesteuert werden", meint der Verhaltensforscher. Wir müssen unseren stammesgeschichtlichen Ballast umprogrammieren. Oder uns zumindest bewusst machen: Das Kurzzeitdenken, das auf Gewinnmaximierung ausgerichtet ist, war im Verlauf der Evolution wahrscheinlich lebenswichtig. Jetzt kann das Prinzip der Gewinnmaximierung mit seinen weltweiten Auswirkungen die Menschheit eher gefährden. Eibl-Eibesfeldt plädiert daher dafür, einen vorausschauenden Überlebensethos zu entwickeln und die Grundzüge des menschlichen Wesens nicht zu verkennen. „Wir verbeißen uns in Aufgaben, wir attackieren Probleme – das zeigt ja schon, dass da ein guter Triebsatz vorhanden ist. Wenn wir Erfolg haben, dann kann das ja für eine Gemeinschaft auch nützlich sein", sagt Eibl-Eibesfeldt. Und meint es auch so.

KARL SCHERER

DER ATEM BEFREIT

Karl Scherer hat etwas Wichtiges entdeckt: Im „Intuitiven Atmen“ steckt die Kraft, den ursprünglichen Rhythmus des Atmens wiederherzustellen. Dadurch können wir uns selbst befreien und uns letztlich sogar heilen. Da lohnt es sich doch, dem nachzugehen.

Wir atmen flach, wir bekommen kaum Luft, wir röcheln. Obwohl wir vierundzwanzig Stunden am Tag Luft holen, fällt uns das Atmen nicht immer leicht. Kein Wunder, dass Atemübungen uns daran erinnern sollen, wie lebenswichtig diese Funktion ist. Tief in den Bauch atmen, ins Zwerchfell, in die Schulterspitzen, das Ein- und Ausatmen zählen, dazwischen eine Pause einlegen. Atemübungen, Yogaübungen, Meditationsübungen, Übung macht den Meister – heißt es. Der Atem ist die zentrale und alles verbindende Lebensfunktion. Er verknüpft nicht nur die Welt innerhalb mit jener außerhalb unseres Körpers, er ist auch die Brücke zwischen Bewusstem und Unbewusstem. Und die Verbindungsschnur, die sich durch alle Ereignisse unseres Lebens zieht. Nach und nach – meist durch unverdaute, traumatische Erlebnisse – haben wir uns vom Atem abgekanzelt, Teile unseres Körpers von ihm abgeschnitten. Und unseren natürlichen Rhythmus beim Atmen verloren. Dabei geht es darum, dass Atmen nicht nur reines Luftholen ist. Es hat auch noch eine andere lebenswichtige Funktion: Es kann uns befreien.

Als Baby befreit uns das Atmen von unserer Ahnungslosigkeit. Wir verstehen noch kein Wort von dem, was unsere Eltern sagen, wollen aber Teil ihrer Welt sein. Daher ahmen wir ihre Atemmuster nach. So können wir emotional erfassen, was sie gerade durchmachen, wie es ihnen geht, „wenn die Eltern von der unschuldigen und urteilsfreien Spiegelung ihrer eigenen Schattenseiten unangenehm berührt sind“, sagt Karl Scherer, Atemlehrer und Entdecker des „Intuitiven Atmens“. „Für die Kinder ist das eine starke Leistung. Denn sie wollen ihre Eltern, diese großen, allmächtigen Wesen, unbedingt verstehen.“

Doch das Atmen ist nicht nur unsere erste Form der Kommunikation. *Mit dem allerersten Atemzug erleben wir auch ein starkes Triumphgefühl. Eines, das sich in jedem weiteren Atemzug widerspiegelt.* Was uns dazu veranlasst? Ganz einfach: Die unglaubliche Heldentat, die wir gerade vollbracht haben: Wir sind auf die Welt gekommen. Nie mehr in unserem Leben werden wir uns so anstrengen wie bei unserer Geburt. „Nicht einmal eine Besteigung des Mount Everest kostet uns so viel Kraft und Energie“, meint Scherer. Diese Siegesgewissheit, dieses Selbstvertrauen wird mit dem ersten Atemzug gefestigt, meint der Atemlehrer. Und weist im nächsten Atemzug darauf hin, welcher Zauber dem ersten Mal Luftholen innewohnt. „Haben Sie schon einmal bei einer natürlichen Geburt zugeschaut?“, fragt Scherer. Er, der zwei Jahre bei den Lakota-Indianern gelebt hat, weiß, wovon er spricht. „Erstmal sucht das Neugeborene den Blickkontakt zur Mutter und lächelt dabei, was aus ärztlicher Sicht in den ersten vierundzwanzig Stunden nach der Geburt gar nicht möglich sein dürfte. Nachdem es sich umgeschaut hat, schnauft es ein paar Mal durch und macht die ersten Atemzüge - bis es seinen Rhythmus gefunden hat." Wer zusieht, wie das Neugeborene beginnt, sich nach und nach in seiner ungewohnten Umgebung zu Hause zu fühlen und sich mit jedem Atemzug ein Stück der neuen Welt einverleibt, kann nicht anders, als ergriffen und gerührt zu sein. „Die ersten Atemzüge sehen aus wie Schmetterlingsflügel. Dabei laufen Schauer über die Muskeln, als ob auf den Muskeloberflächen kleine Wellen wären. So wie bei einem See, wenn der Wind die Wellen vor sich hertreibt. Da baut sich dann der Reststress von dieser unglaublichen Anstrengung der Geburt ab", schildert Scherer seine Erkenntnisse. Und kommt noch einmal auf das Triumphgefühl zurück, das sich in diesem freien, entspannten Atem niederlässt. *„Bei jeder Krise im Leben muss man eigentlich nur auf den eigenen Atem zuruckfallen. Und sich an das Siegesgefühl erinnern und es wie ein Mantra vor sich hersagen: Ich schaffe das, ich kann das."* Nicht umsonst spricht man vom Aufatmen. Was für eine Vorstellung: Mit jedem Atemzug könnten wir ein ungeheures Glücksgefühl empfinden. Einfach so.

Doch nicht immer bekommen die Babys die Zeit, wie bei den Naturvölkern minutenlang zu schnuppern, zu üben, die Lungen langsam zu entfalten, Zeit zum Luftholen zu haben und sich langsam daran zu gewöhnen, dass sie in einem völlig neuen Element zu Hause sind. Die Zeit hätten wir – laut Scherer sind es fünf

bis acht Minuten, die uns bleiben, um über die Nabelschnur den notwendigen Sauerstoff zu bekommen. Aber nein, viel zu oft wird die Geburt zu einem einschneidenden Erlebnis. Rasch wird die Nabelschnur getrennt und damit die Sauerstoffversorgung, die über das Atmen der Mutter erfolgte: Ohne eigenes Zutun, ohne Lungen- oder Muskeltätigkeit. Schnipp-schnapp und wir hängen in der Luft! „Anstatt dieses genüssliche Erlebnis auszukosten: Ich habe es geschafft, ich bin geliebt, ich bin zu Hause, ich bin ein Sieger – kommt zu diesem Durchbrucherlebnis noch ein Sauerstoffschock", so Scherer.
Und das ist erst der Anfang. Jedes weitere erlebte, unverarbeitete Trauma schneidet Teile unseres Körpers oder unserer emotionalen Zonen vom Atem ab. Daraus entstandene Gefühls- und Geisteshaltungen schaffen ein komplexes Netz von Erfahrungen und Sinneswahrnehmungen, das sich ständig verdichtet, bis wir schließlich keinen Ausweg mehr sehen und diese Verstrickung als unser Leben akzeptieren. Man könnte meinen, ab da sei nun die Misere vorgeplant. Nicht ganz. Zum Glück ist unser Körper schlau ausgestattet: Er will sich ständig selbst heilen, will Belastungen wieder loslassen und Stress abbauen. Diese beinahe magische selbstregulierende Lebensfunktion wird im „Intuitiven Atmen" Atemkreis genannt. „Wenn dieser organische Impuls des Körpers die vordringlichsten Traumata und Stresssituationen

integriert und aufgelöst hat, geht er, einmal befreit, dazu über, uns und unseren Körper Schritt für Schritt mit der gesamten Umgebung zu harmonisieren und Potenziale zur Höherentwicklung freizusetzen", erklärt Karl Scherer. Schließlich könnten wir es uns über Hunderte von Generationen nicht leisten, eine Art Restvorrat an Dauerstress anzulegen. „Unsere Vorfahren mussten von einer Sekunde auf die nächste reaktionsfähig sein, wenn ein Bär um die Ecke kam oder ein Steppenbrand ausbrach. Die konnten nicht sagen: Lieber Grizzly, es tut mir leid, ich hatte eine schwierige Kindheit, ich kann jetzt gerade nicht mit dir umgehen. Ruf später an, ja? Die mussten einfach reagieren." *Der Atem ist tatsächlich so beschaffen, dass man bei jeder Phase der Entspannung tiefer atmet, bis der ursprüngliche Atemrhythmus wieder einsetzt und versucht, die Restspannungen im Körper aufzulösen.*

„Natürlich ist das nur ein grober Überblick. Und Schulmedizinern werden die Haare zu Berge stehen, denn das Thema ist viel komplexer. Trotzdem: Es ist gut zu wissen, dass ein Befreiungsschlag möglich ist. Befreites Atmen, intuitives Atmen – es steckt in jedem von uns. Wir müssen es nur wieder hervorholen", macht Scherer uns Hoffnung. Das Wie will und kann er nicht sagen, das sei zu komplex, um es in wenigen Sätzen wiederzugeben. Da muss man sich schon intensiv damit auseinandersetzen, geführt und angeleitet werden. So viel verrät er dennoch: „Beim „Intuitiven Atmen" findet eine sehr intensive Reinigung des Körpers, des Geistes und der Seele statt. Im Atemkreis erleben wir, nicht mehr selbst atmen zu müssen, sondern vom Atem „geatmet" zu werden. Dabei löst sich das Ego mit seinen alten Konzepten vorübergehend auf, was uns den direkten Zugang zu archetypischen und transpersonalen Erlebnisbereichen ermöglicht. Nach unserer Erfahrung setzt dann wirkliche Heilung ein." Das konnte Karl Scherer am eigenen Leib erfahren.

Die für ihn alles entscheidende Begegnung fand zufällig bei einer dreiwöchigen Wanderung in den Cascade Mountains von Oregon bis Washington statt. Er stieß dort auf einen indianischen Medizinmann, dem es innerhalb von Minuten gelang, Scherers bis dahin gewonnene Sicherheit in all den westlichen therapeutischen Konzepten über den Haufen zu werfen. Sofort nach Abschluss der Studien der Philosophie, Psychologie und Ethnologie zog er ins Ogllala Reservat nach Süd Dakota. Mit Erstaunen stellte er fest, dass im Leben der Lakota-Indianer nicht nur Zeremonien und Rituale fest in ihr Familienleben integriert waren, sondern auch die pränatalen und perinatalen Prägungen bewusst zum Wohl von Kind und Familie eingesetzt wurden. Scherer erlebte dort einen spirituellen Reichtum und eine Liebesfähigkeit, die ihm vorher noch nie begegnet waren. Und entdeckte das „Intuitive Atmen", das die Medizinmänner schon seit jeher angewendet hatten. „Ich habe es in diesem geistigen Umfeld gefunden und hätte es sonst wahrscheinlich nicht verarbeiten können", ist Scherer überzeugt. Danach reiste er um die Welt und berichtete in Seminaren über die Wirkungsweise des „Intuitiven Atmens". Dabei passierte es ihm immer wieder, dass Menschen auf ihn zukamen und sagten: Das habe ich schon erlebt. Davon habe ich schon gehört. Eine Frau beispielsweise, die alleine auf einer Farm ihr Kind zur Welt brachte und danach mit dem Auto ins weit entfernte Krankenhaus fuhr. Oder ein Bergsteiger, der in eine Gletscherspalte stürzte. Bei ihm setzte sich diese Art zu atmen frei und damit auch eine Kraft und Wärme, die ihn 36 Stunden lang überleben ließen – bis Hilfe kam. *„Und daher glaube ich, dass dieses Atmen wirklich ein ganz tiefer körperlicher Impuls ist, der in uns angelegt ist, um sowohl in Extremsituationen zu überleben als auch alte Wunden zu heilen."*

DOCH

GESTALTUNGS-KRAFT

Zwei Tage nachdem ich dieses Buch fertig geschrieben hatte, kam die Erkenntnis. Sie setzte sich neben mich aufs Sofa und sagte: „Hallo". Ich schaute sie verwundert an. Sie war recht klein und unscheinbar. „Wo warst du so lange?", fragte ich sie. „Alles braucht seine Zeit", war ihre Antwort – weder zynisch noch verteidigend. „Und?", fragte ich. „Was hast du für mich?" „Ein Wort", sagte die Erkenntnis. Nicht viel, dachte ich, aber besser als nichts. Da eine Erkenntnis die Angewohnheit hat, sich schnell wieder zu verflüchtigen, packte ich sie beim Schopf. Gut, dass der erste Buchstabe ein „G" war – ideal zum Festhalten. Dann drehte und wendete ich sie, sah sie mir von allen Seiten an und war überzeugt: eine einfache Sache. Warum bin ich da nicht schon früher draufgekommen?

Das Wort hieß GESTALTEN und öffnete mir mit einem Mal einen ganz anderen Blick auf die Dinge des Lebens. Ich bin eine Gestalterin, war es immer schon. Ich liebe es, Bücher zu gestalten. Oder Räume. Oder Geschichten. Oder ein Picknick. Oder einen Strauß Wiesenblumen. Egal was, ich gestalte es. Und zwar so, dass es mir entspricht und ich mich damit wohlfühle. Mit einem Schlag war mir klar, dass dieses Gestalten keine Grenzen kennt: Ich kann alles gestalten. Ich kann einen Gedanken gestalten, sodass er positiv und aufmunternd ist. Ich kann eine Begegnung gestalten, sodass sie etwas Bleibendes zurücklässt. Ich kann meinen Arbeitstag gestalten, sodass ich genug Freiraum zum Lachen, Singen und Tanzen habe. Aber auch wenn ich gehetzt und gestresst bin und mich unter Druck gesetzt fühle – dann bin ich es, die es genau so gestaltet hat. Ich bin diejenige, die sich knappe Deadlines setzt. Die zu viel zusagt. Die nie Nein sagt. Ich – nicht die anderen. Und diese Erkenntnis ändert viel.

JESSICA HAUSNER

WUNDER-KIND

Einmal Wunder und zurück: Wer sich Filme der Regisseurin Jessica Hausner ansieht, bekommt vorgeführt, wie paradox das Leben ist. Wir warten auf ein Wunder, aber es kommt nicht. Und hoffen auf ein Glück, das sich vielleicht nie zeigen wird. Verdammt.

„Es ist ein Irrtum anzunehmen, dass Menschen frei entscheiden können. Dass man sich da großartig etwas aussuchen kann im Leben. Das hängt eher damit zusammen, was möglich ist und dass es dafür bestimmte Regeln gibt. Denen kann man sich als Einzelner nicht entziehen. Und wenn, ist man deswegen auch nicht glücklicher", ist Jessica Hausner überzeugt. Dass man Verhaltensmuster ändert und seine Grenzen erweitert – das kann die Filmemacherin, die Psychologie studiert und sich mit Autosuggestion und Hypnose beschäftigt hat, gut nachvollziehen. Aber dass man alles erreichen kann, was man sich vorstellt, daran zweifelt sie. Sie zeigt in ihren Filmen, dass Menschen nicht individuell handeln, sondern den Erwartungen der Gesellschaft gehorchen. Oder gehorchen müssen. Der Konflikt ist vorprogrammiert. „Mich interessiert, inwieweit man durch die Gesellschaft, in der man lebt, beeinflusst wird", erzählt die Regisseurin, die für ihr jüngstes Werk, „Lourdes", bei den 66. Filmfestspielen in Venedig mit dem Fipresci-Preis und bei der Viennale mit dem Wiener Filmpreis für den besten Spielfilm ausgezeichnet wurde. „Ich sehe da diese Überschneidungsmenge, dieses Phänomen, dass man zwar man selbst ist und andererseits auch gar nicht. Ich finde es spannend, dass vieles von dem, was man tut, wie man redet, was man erwartet und welche Hoffnungen man hat, mit den unausgesprochenen Glaubensgrundsätzen einer Gesellschaft zu tun hat, die einen ständig begleiten. Da bekommt man so unterschwellig mit, was man soll und was nicht. Je unausgesprochener das ist, desto wirksamer." Hausner spricht von den Rollen im Leben, die jeder von uns, übernimmt und manchmal auch bis zur Perfektion treibt. Was stelle ich in der Gesellschaft dar, wie werde ich gesehen, wie sehe ich mich. „Es ist eine Reibungsfläche – der Einzelne und die Menge. Mir ist es angenehm, genau das bewusst zu machen, weil ich dann bestimmte Ängste und Sorgen relativieren kann", so Hausner.

Jessica Hausner macht kein Emotionskino, bei dem die Menschen tränenüberströmt den Saal verlassen, sondern geht mit einem distanzierten Blick an die Themen heran. Emotionen entstehen bei ihren Filmen über die Brücke der Erkenntnis, indem man etwas über das Menschsein verstanden hat. Sie lässt ausreichend Platz, um sich selbst Fragen zu stellen, um zu reflektieren. Wichtig ist ihr dabei, sicher angenommene Wahrheiten in Zweifel zu stellen. „Ich habe das Gefühl, dass es diese sicheren Wahrheiten nicht gibt. Auch wenn man an die eigene Persönlichkeit denkt, muss man mit Schrecken feststellen, wozu man fähig ist. Das ist oft beunruhigend. Da fragt man sich, was für Monster in den Menschen drinstecken."

Jessica Hausner hält Augen und Ohren offen für die paradoxen Phänomene der Gesellschaft. So beginnen ihre Filme meist aus einer Inspiration heraus, einer szenischen Handlungsidee. Bei „Lovely Rita" war sie auf das Mädchen neugierig, das im Stande ist, einen Mord zu begehen, aus „Hotel" machte sie einen Horrorfilm, der ohne Monster auskommen muss, und „Lourdes" wurde ein Film über ein Wunder. Das Paradox, das sie in „Lourdes" beleuchtete: Wie kann man glücklich sein und gleichzeitig wissen, dass man sterben muss? Das Wunder von Lourdes steht als Metapher für die Suche nach dem Glück, für ein sinnerfülltes Leben und was es dafür braucht. Jessica Hausner will damit aufzeigen, dass es keinen Sinn hat, nach dem Glück zu streben. „Der Ausgang wird nie zufriedenstellend sein", meint die Filmemacherin. Und hält es für puren Zufall, für wen sich am Ende des Tages ein Wunder ereignet und für wen nicht. Doch obwohl die Chance, dass überhaupt ein Wunder passieren wird, so gering ist, hören wir nicht auf, darauf zu hoffen. *Gerne würde die Künstlerin das Prinzip der Hoffnung abschaffen. Ohne Hoffnung wäre unser Leben viel leichter. Wir könnten es einfach leben – und fertig. Was für eine Erleichterung.* „Die Hoffnung quält dich bis zum Schluss. Gerade in der katholisch geprägten Gesellschaft ist das etwas, das mich stört. Das hat mit dem Erlösungsgedanken zu tun, dass man irgendwann den ultimativen Zustand des Glücks erreichen wird. Die katholische Kirche ist eh geschickt, weil sie sagt: Nicht in diesem Leben, sondern im nächsten. Während die Schönheitsindustrie behauptet, dass man das schon in diesem Leben haben kann. Auch so ein Irrtum."

Der nächste Film von Jessica Hausner ist schon im Entstehen und widmet sich der Liebe. Wieder wird es darum gehen, die

Vielschichtigkeit der Dinge aufzuzeigen, die Bilder, die fix in unseren Köpfen verankert sind, in Zweifel zu stellen, und Platz zu schaffen, um nachzudenken. Das ist auch der Grund, warum Jessica Hausner Filmemacherin ist. *„Oft ist es gar nicht das Resultat, sondern das Sich-damit-Beschäftigen und Auseinandersetzen mit Dingen, die mich beim Filmemachen antreiben. Wo ich das Gefühl habe, da will etwas heraus oder ich will etwas durchschauen.* Ich lerne dabei viel kennen, tauche in fremde Welten ein. Das ist ein großer Erfahrungsschatz und oft eine tiefe Erkenntnis. Und das ist das, was mich glücklich macht.“ Wenn man Dinge tut, die man selbst interessant findet, dann hat man das angenehme Gefühl, dass man das getan hat, was man machen wollte.

„SEI DU SELBST. ALLE ANDEREN SIND SCHON VERGEBEN.“

OSCAR WILDE

ELISABETH GÜRTLER-MAUTHNER

SCHRITT-MACHER

Sie ist die Grande Dame Österreichs, Chefin des Hotel Sacher in Wien, und mit allem, was sie angreift, erfolgreich. Wahrscheinlich, weil sie die Kunst beherrscht, zwei Schritte zurück zu machen, wenn sie zügig vorwärtskommen will.

„Bin ich wahnsinnig, warum tue ich mir das denn an", sagt Dkfm. Elisabeth Gürtler-Mauthner und lacht dabei. Über sich. Und darüber, dass sie ihren Rund-um-die-Uhr-Arbeitseinsatz liebt, auch wenn er sie ganz schön auf Trab hält. Der Wahnsinn hat Methode, gehört zu ihrem Leben, und sie kommt gut damit zurecht. Die Chefin des 5-Sterne-Luxushotels Sacher hat schon früh gelernt, mit Stress und hoher Belastung umzugehen. Da wusste sie noch gar nicht, wie sich die beruflichen Weichen in ihrem Leben stellen würden. Aber der Reihe nach.

Als Elisabeth Gürtler-Mauthner noch Mauthner hieß und wie viele Mädchen in ihrem Alter eine große Zuneigung zu Pferden hatte, begann sie mit dem Reiten. Aus einem Pferd wurden zwei, aus einer Liebelei eine Leidenschaft. Und aus einer sportlichen Betätigung ein ambitionierter Sport: Dressurreiten. 1979 wurde sie Vizestaatsmeisterin – kein Wunder, bei der Disziplin, dem Durchhaltevermögen und der Leistung, die sie an den Tag legte. Und bei der Kunst, die sie wie keine andere beherrschte: Zwei Schritte zurückzugehen, wenn sie zügig vorankommen will. „Wenn man sich dem Dressurreiten widmet, ist man nicht nur von der eigenen Leistung abhängig, sondern auch von der des Pferdes. Und von dessen Psyche", so die Reiterin. Scheut das Pferd, weil plötzlich ein Hund auftaucht, wird es unruhig, weil der Dressurplatz ungewohnt ist, oder liegt etwas in der Luft, das nur das

Pferd wahrnehmen kann – von Anfang an muss man Unvorhersehbares einkalkulieren. „Man muss sich ständig auf ein anderes Lebewesen einstellen und gleichzeitig auf sich selbst konzentriert sein. Und dann nur nicht aufgeben. Klappt es einmal nicht, probiert man es einfach wieder und wieder. Am besten ohne sich dabei zu verkrampfen. Denn das macht die Sache noch schlimmer – zumindest für das Pferd", so die Sacher-Chefin. Denn die eigene Nervosität überträgt sich sofort, ob man will oder nicht. *Eines lernt man daher schnell: Immer schön ruhig bleiben, auch wenn alles dagegen spricht. „Man ist sehr gefordert, sich selbst zu beherrschen, sich innerlich zurückzunehmen und zu entspannen.* Und die Dinge von einer sehr ruhigen Warte aus anzuschauen. Das kann man sowohl im Privatleben als auch als Manager immer gut brauchen", sagt die Geschäftsfrau. Diese Fähigkeiten waren für Elisabeth Gürtler-Mauthner die besten Voraussetzungen, um ein Luxushotel zu führen, das dem Anspruch „Leading Hotels of the World" gerecht wird.

Doch das war noch längst nicht alles, was Elisabeth Gürtler-Mauthner für ihr Leben lernen sollte. „Wer Sport betreibt, ist ehrgeizig, will seine Ziele erreichen. Wenn ein Pferd einmal die erste Lernstufe erreicht hat, sagt man nicht, jetzt bin ich zufrieden, sondern man hat schon die nächste Stufe im Visier. Und die nächste und die übernächste. Das heißt, man setzt sich selbst immer wieder

Ziele, die einen motivieren, ohne dass man aus dem inneren Gleichgewicht kommt." Schritt für Schritt vorwärtskommen, ohne dabei allzu große Sprünge zu machen – vor allem keine, die einen samt Pferd aus dem Rhythmus bringen –, das war und ist Elisabeth Gürtler-Mauthners Methode, ihre Visionen zu realisieren. Ruhe bewahren, bei Rückschlägen nicht aufgeben, das Ziel nicht aus den Augen lassen und die Dinge richtig einschätzen – all das hat sie zu jenem Menschen gemacht, der in der Blauen Bar des Hotel Sacher sitzt und über den eigenen Lebensweg spricht. Eine kluge Geschäftsfrau, ein Bündel an Disziplin, eine Frau mit Maß und den richtigen Zielen, die auf jedes Hindernis zugeht, in der Gewissheit, die Hürde zu nehmen. Man spürt das Quirlige in ihr, das versucht, alles unter einen Hut zu bringen, und die ruhige Hand, die ermahnt und weiß: Nur mit innerer Gelassenheit wird es gelingen.

Was sie anspornt? Der Hang zur Perfektion und die Leistung, die von ihr erwartet wird. Seit jeher. Der Leistungsgedanke war der, der zählte. Zumindest in den Augen des Vaters Fritz Mauthner. Gelobt, belohnt und anerkannt – das wurde man im Mauthnerschen Haushalt nur für Leistung. Diese Einstellung hat Elisabeth Gürtler-Mauthner sehr geprägt. So sehr, dass sie immer noch auf der Suche nach Anerkennung für ihre Taten ist. „Seltsamerweise bekomme ich diese Anerkennung in keiner Weise von meiner

Mutter. Im Gegenteil: Sie sagt sogar: An der Spanischen Hofreitschule wirst du scheitern. Daher denke ich, dass es immer noch zu wenig ist, was ich leiste. Ich muss mich also noch mehr anstrengen, noch mehr zeigen, was ich kann, was in mir steckt." Entscheidungen, die von Erfolg gekrönt sind und auf dem internationalen Parkett für Ansehen sorgen, schmettert sie mit den Worten ab: „Das war reine Glückssache oder purer Zufall". Die Marke Sacher war ja bereits etabliert – da kann man eigentlich gar nichts falsch machen, ist ihre Einschätzung. *Elisabeth Gürtler-Mauthner legt sich die Latte hoch. Und hört nicht auf, sich immer noch schwierigeren Aufgaben zu stellen. Als Beweis, dass sie ja doch etwas geleistet hat.*

„Wer mich kennt, wird sich fragen, warum macht sie das? Sie hat ja nichts von ihrem Leben." Gegen die Hetzerei hilft nicht nur ein gut portioniertes Stück Sachertorte. Da braucht es schon eine Methode. „Ich habe Stress – keine Frage. Aber wenn ich merke, dass der Stress mir schadet und dass ich fast keine Luft mehr bekomme vor lauter Hektik, dann mache ich das, was ich vor einer Dressurprüfung gemacht habe: Ich atme tief durch, bewahre Ruhe, rege mich nicht auf, führe mich zurück in eine entspannte Situation, streife die Sache, die mich belastet, ab und mache das Beste daraus." Um diese Ruhe zu bewahren, nimmt sich die weltgewandte Geschäftsfrau jeden Tag Zeit für sich. Dann geht sie frühmorgens schwimmen, lässt die ersten hektischen Gedanken vom Wasser verschlucken, macht jede einzelne Bewegung ganz bewusst, genießt das gleichmäßige Tempo beim Schwimmen und lässt sich vom Wasser umspülen. „Das schafft Ruhe", sagt sie.

Elisabeth Gürtler-Mauthner hat ihre große Liebe – das Dressurreiten – für das Hotel Sacher aufgegeben. Leicht war die Entscheidung nicht. Doch da sie eine Frau ist, die keine halben Sachen macht, war für sie der Weg ganz klar. „Es ist nirgends gestanden, dass ich das Hotel führen muss", sagt Elisabeth Gürtler-Mauthner, die seit 20 Jahren das Sacher leitet und sich – genau wie beim Reiten – mit großer Ernsthaftigkeit hineingestürzt und alles gegeben hat. Und immer noch gibt. Ziele hat sie wie eh und je. Und Visionen. „Mir ist es wichtig, dass das Hotel alle Chancen hat, um auch in Zukunft erfolgreich zu sein. Das bedeutet: ständig positionieren, investieren, nie eine Entwicklung versäumen oder einen strategisch wichtigen Schritt auslassen, der in Zukunft nicht mehr nachzuholen ist. Meine Vision ist es, aus der Marke Sacher mehr zu machen. Mehr als ein Hotel, mehr als eine Sachertorte. „Wenn ich an Modemarken wie Armani oder Bulgari denke, dann stehen die für Mode, Schmuck, Parfums, Hotels. Das ist das, was ich mir auch wünsche." Nicht zu vergessen: die Spanische Hofreitschule, der Elisabeth Gürtler-Mauthner zu neuem Glanz verhilft. Egal, was ihre Mutter dazu sagt.

CHRISTIAN KIS

ACKER EDEN

Der Garten ist ein Lernprozess. Insbesondere dann, wenn er so groß ist wie ein Fußballfeld. Wenn eine Ballettdame von alleine angetanzt kommt. Und wenn das Loslassen-können geübt werden will.

Blühen, wachsen, reifen, sterben – nirgendwo zeigt sich der Rhythmus der Natur so deutlich wie in einem Garten. Und nirgendwo kann der Mensch sie so formen. Er kann sie wild wuchern lassen oder streng zurechtstutzen. Er kann sie nach barocken Vorbildern gestalten oder ganz frei nach Lust und Laune und der eigenen Vorstellungskraft. Gerade Gärtner haben dafür eine geschickte Hand. Einerseits schauen sie ganz genau hin, helfen da und dort ein bisschen nach, greifen aktiv ein. Und andererseits haben sie die Größe, sich dem Willen der Natur unterzuordnen. Nehmen untergeben hin, was nicht zu ändern ist. Und üben sich in Geduld. „Der Winter sei die größte Geduldsprobe", sagt der Gärtner und Florist Christian Kis. Da streift er durch seinen Garten in Oberösterreich und beobachtet die Pflanzen im Winterschlaf. Wenn später die Sonne durchkommt und der Schnee schmilzt, möchte er „die Schneerosen am liebsten rauskratzen", sagt er. Doch es hilft nichts, man muss sich gedulden – auch wenn alles schon startklar ist. Denn der Winter ist die Zeit des Ausrastens, des Sich-Zeit-Nehmens, des intensiven Schauens – und der Vorfreude.

Gelassenheit ist für den Gärtner nicht nur im Winter wichtig, sondern das ganze Jahr über. Denn auch wenn man das Beikraut mal nicht in den Griff bekommt, heißt das noch lange nicht, dass gleich alles wild überwuchert und unansehnlich wird. „Der Garten ist ein

Lernprozess“, sagt Kis. Noch dazu, wenn er so groß ist wie ein Fußballfeld. Auf mehr als siebentausend Quadratmetern breitet er sich aus, für einen privaten Garten unvorstellbar groß – und unvorstellbar schön: ein barocker Garten nach französischem Vorbild. Vor sechzehn Jahren, als Christian Kis das Grundstück erbte, war es noch ein Feld. Er ackerte es um, spannte Linien und setzte unzählige Pflanzen in die Erde – allein zweitausend Lavendel- und dreitausendfünfhundert Buchspflanzen. Seither überlegt er sich jedes Jahr etwas Neues, schleppt bunte Blumen, Sträucher und Gemüsesorten heran, gießt und zupft und erntet das ganze Gartenjahr über. Insbesondere das Farbenspiel hat es ihm angetan. „Malen mit Pflanzen“, nennt er das. Hier eine Reihe dunkler Salat, flankiert von Ringelblumen, dort Frauenmantel, umsäumt von Anemonen. Selbst ein grünes Wohnzimmer ließ er sich wachsen – aus Hainbuchen und Buchsbaum.

Trotz all seines gärtnerischen Geschicks ist Christian Kis aber stets bewusst, wie nichtig, wie klein der Mensch im Gesamtgefüge der Natur ist – und wie sehr der Natur ausgeliefert: Denn wenn mal ein Platzregen ausbricht, dann heißt es schnell ins Haus huschen, und wenn sich die Feldhasen an seinen Pflanzen wie in einer Konditorei bedienen oder ein Maulwurf unschöne Hügel hinterlässt, dann heißt es Augen zudrücken. Kis: „Dann denk ich mir halt, die Tiere haben auch eine Familie – und schon macht das Beobachten Spaß." Der Garten ist für ihn ein Kreislauf, deshalb versucht er, der Natur auch etwas zurückzugeben. Schließlich konnte er selbst viel Kraft aus dem Fleckerl Grün schöpfen. Etwa als er seine Mutter und seinen Leihopa jahrelang pflegte oder als er nach einem Sturz von einer Leiter sein Blumengeschäft zusperren musste. In solchen Lebenssituationen hat ihm ein Rundgang durch den Garten immer besonders gut getan. „Wenn man den Pflanzen beim Wachsen zuschaut", sagt er, „relativiert sich vieles." Man lerne loszulassen, schließlich muss man auch Pflanzen entfernen, die schon alt sind. Dann sagt man „Danke, es war schön mit dir!" – und hat wieder Platz für eine neue kräftige Pflanze, die ihre Wurzeln tief in die Erde gräbt.

Heuer wird Christian Kis besonders viel Salat anbauen, den er zu Gasthäusern in der Umgebung bringen möchte. Dann bekommt er dort etwas zu essen – und schon schließt sich wieder ein Kreis. Mit Blumenarrangements und Dekorationen, die er zu Hause macht, kommt er bescheiden, dafür glücklich über die Runden. Und schließlich tut sich immer wieder etwas Neues auf: Vergangenes Jahr etwa fuhr eine Balletttänzerin mit dem Rad vorbei und war vom Kis'schen Garten dermaßen begeistert, dass sie wenig später samt Musikern erneut erschien und im knallgelben Tanzkostüm bei barocker Musik mit dem blühenden Lavendel kokettierte. So lange, bis der Platzregen einsetzte.

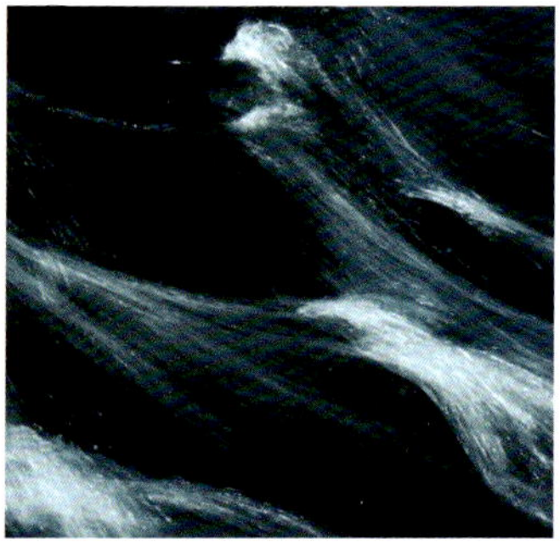

INSPIRATIONS-QUELLE

„Glück oder Unglück, wer weiß" ist eines meiner Lieblingsmärchen. Eine Geschichte mit vielen Wendungen. Denn immer wird das, was man gerade noch als Unglück angesehen hat, zur Glückssache. Und umgekehrt. Ich hatte großes Glück: Für dieses Buch traf ich viele Menschen, die etwas zu erzählen hatten, die etwas erkannt hatten und es gerne mit mir teilten. Die ihren Lebensweg gegangen sind und sich nicht davon abbringen ließen. Die ihren Rhythmus gefunden haben und sich nicht beirren ließen. Beneidenswert. Und was habe ich gemacht? Die Ohren gespitzt. Dinge, die sinnvoll klangen, gleich in die Tat umgesetzt. Mir jede Menge Therapiestunden erspart. Und aus den Begegnungen und Gesprächen Lunchpakete geschnürt – die ich verzehren kann, wann immer ich will. Danke an alle, die ein Stück ihrer Zeit diesem Buch gewidmet haben.

Danke vor allem auch an die Neue Therme Wien, die mich zu diesem Buch inspiriert hat und den ersten Funken der Begeisterung in mir zündete. Ein engagiertes Team hat an der Konzeption des Buches mitgearbeitet und immer wieder gute Ideen eingebracht. Denn ihnen geht es darum, Dinge wieder zu kultivieren, die verlorenzugehen drohen oder bereits verloren gegangen sind. Zum Beispiel: Einfach mal Zeit verstreichen zu lassen. Rückzugsorte zu finden, für sich zu bewahren und immer wieder aufzusuchen. Momente der Stille ganz ohne Panik zu genießen. Zu wissen, dass man geliebt wird, auch wenn man nicht rund um die Uhr für die anderen da ist. Und: Sich auf einen Lebensrhythmus einzulassen, der einem selbst entspricht. Und sonst niemandem. Oscar Wilde hat es schon so gut formuliert: „Sei du selbst. Alle anderen sind schon vergeben."

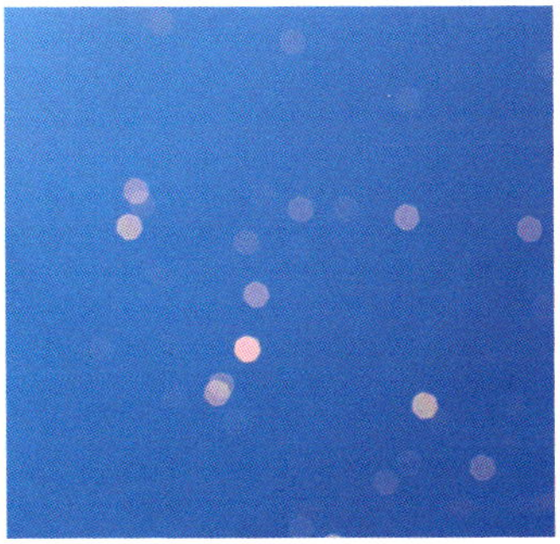

© Hagen Schnauss

IRENÄUS EIBL-EIBESFELDT

Österreichischer Verhaltensforscher, Schüler von Konrad Lorenz, Biologe und Begründer der Humanethologie, sowie Autor zahlreicher Bücher und Aufsätze, unter anderem zu Universalien im menschlichen Verhalten.

© Jonas Geißler

KARLHEINZ A. GEISSLER

Zeitforscher, Wirtschaftspädagoge und Mitbegründer der deutschen Gesellschaft für Zeitpolitik, sowie Autor. Sein neuestes Buch: „Lob der Pause. Warum unproduktive Zeiten ein Gewinn sind", München 2010, www.timesandmore.com

© Felix Brode

MARTIN GRUBINGER

International anerkannter Multipercussionist, der in Konzertsälen von New York bis Tokio ein- und ausgeht.
www.harrisonparrott.com/artist/instrumentalist/martin-grubinger

© Anselm Grün

ANSELM GRÜN

Benediktinerpater, Autor spiritueller Bücher, Finanzleiter der Benediktiner-Abtei Münsterschwarzach

© Paul Landl

ELISABETH GÜRTLER-MAUTHNER

Dkfm. Elisabeth Gürtler-Mauthner, Geschäftsführerin des Hotel Sacher in Wien. Generaldirektorin der Spanischen Hofreitschule.

© SONNENTOR

JOHANNES GUTMANN

Geschäftsführer und Gründer der SONNENTOR Kräuterhandels GesmbH, www.sonnentor.com

© Stefan Oláh

JESSICA HAUSNER

Filmemacherin - bekannt für ihre Filme „Lovely Rita“, „Hotel“ und „Lourdes“, der unter anderem bei den 66. Filmfestspielen in Venedig mit dem Fipresci-Preis und beim Viennale Filmfestival mit dem Wiener Filmpreis für den besten Spielfilm ausgezeichnet wurde.

© CSV/Tom Haller

TONI INNAUER

Ehem. Skispringer, Olympiasieger, Cheftrainer der österreichischen Nationalmannschaft, Rennsportdirektor für den nordischen Skisport im ÖSV, www.toni-innauer.at

© Christine Neubauer

CHRISTIAN KIS

Gärtner und Florist, Besitzer eines 7.000 qm großen französischen Barockgartens in 4521 Schiedlberg, Ödt 16, Tel. 0699/11488867. Öffnet die Pforten seines Gartens nach Vereinbarung.

© Privat

JOHANNA MAIER

Johanna Maier, Spitzenköchin, vom Restaurantführer Gault-Millau mit Vier Hauben sowie vom Guide Michelin mit zwei Sternen ausgezeichnet. Ihr neuestes Kochbuch „Himmlisch gut“, Verlag Rolf Heyne; www.hotelhubertus.at

© Andrea Peller

SUSA MEYER

Die gebürtige Hamburgerin ist Schauspielerin und Sängerin, zur Zeit beim Volkstheater engagiert (u. a. „Reifeprüfung", „Szenen einer Ehe"); hat u. a. beim Film „Brüder" mitgewirkt sowie bei Musicals wie „Cats", „Grease", „Sekretärinnen".

© Werner Sobotka

RAMESH NAIR

Sänger, Tänzer, Schauspieler, Choreograf und Werbeikone. In der 5. Staffel der ORF-Sendung „Dancing Stars" belegte er den zweiten Platz. Nair ist zudem Gründer und künstlerischer Leiter der „Sophistikids Company", mehrfacherr Staats- und Europameister im Musical/Showdance, www.rameshnair.net

© ORF

MAX PALLA

Gründer und Geschäftsführer der Unternehmensberatung „Max Palla Consulting KG" mit Focus auf strategisches Kommunikationsdesign; Etablierung von „Slow Management"

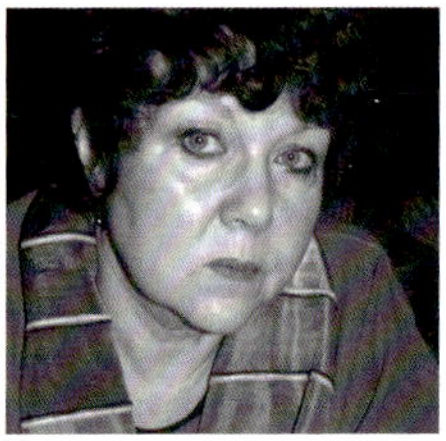

© Privat

ROTRAUD A. PERNER

Univ.-Prof^{in}. Dr^{in}. Rotraud A. Perner, Juristin, Psychotherapeutin, Psychoanalytikerin, Gesundheitspsychologin, Stressforscherin und Salutologin, www.perner.info

© Privat

MARTIN PIETSCH

Berliner Architekt und Designer, der seine Fähigkeiten für „Tamera" einsetzt, eine internationale Ausbildungs- und Experimentierstätte für den weltweiten Aufbau von Friedensdörfern und Heilungsbiotopen, www.tamera.org

© Elias Löcker

GERHARD ROTH

Österreichischer Schriftsteller, der sich selbst als „ein vom Schreiben im besten Sinne Besessener“ bezeichnet. Im Mittelpunkt seiner Werke steht der sich vergeblich abmühende Held, dem die Welt als ein quälender, unhaltbarer Zustand erscheint.

KARL SCHERER

© Karl Scherer

Karl Scherer ist in Deutschland als Begründer des „Intuitiven Atmens“ bekannt, das er 1979 in einem zweijährigen Training durch indianische Medizinmänner „entdeckte“.

© André Schuhmacher

GREGOR SIEBÖCK

Hat Wirtschafts- und Umweltwissenschaften in Österreich, den USA, Kuba und Schweden studiert, seinen gut dotierten Job bei der Weltbank ausgeschlagen, um zu Fuß um die Welt zu wandern. Mehr über ihn: „Der Weltenwanderer“, Tyrolia Verlag. www.globalchange.at

© Roger Mastroianni

FRANZ WELSER-MÖST

Österreichischer Dirigent, ausgezeichnet u. a. mit zwei Grammy-Nominierungen, dem Outstanding Achievement Award des Western Law Center in Los Angeles 1995 für seinen Einsatz für das Institut Hartheim, seit 2010 Generalmusikdirektor der Wiener Staatsoper.

BILDNACHWEIS

von links nach recht und von oben nach unten

SEITE 6:
giftgruen / photocase.com
fieo / photocase.com
eris23 / photocase.com
marqs / photocase.com
gb-photodesign.de / photocase.com
pagan / photocase.com
ERNIE / photocase.com
rapunzeln / photocase.com

SEITE 22:
manun / photocase.com
Jacknuggeted / photocase.com
earlgrey / photocase.com
beimer / photocase.com
joexx / photocase.com
misterQM / photocase.com
Fotoline / photocase.com
Juttaschnecke / photocase.com

SEITE 34:
fh. / photocase.com
chiwon / photocase.com
freeday / photocase.com
table / photocase.com
gingerine / photocase.com
Fotoline / photocase.com
kemai / photocase.com
tagstiles.com / photocase.com

SEITE 50:
DWerner / photocase.com
A.P. / photocase.com
*pina / photocase.com
bolleone / photocase.com
Tommy Windecker / photocase.com
Kruemlmonster / photocase.com
glitzerfee / photocase.com
Ryu-Tako / photocase.com

SEITE 64:
evali / photocase.com
elsone / photocase.com
kamirika / photocase.com
m.a.r.i.a. / photocase.com
kallejipp / photocase.com
tool. / photocase.com
tora / photocase.com
la dina / photocase.com

SEITE 74:
pepipeper / photocase.com
bernjuer / photocase.com
sint / photocase.com
Gortincoiel / photocase.com
pendergast / photocase.com
jameek / photocase.com
neuemedien / photocase.com
zabalotta / photocase.com

SEITE 86:
pip / photocase.com
misterQM / photocase.com
designritter / photocase.com
sasch0711 / photocase.com
himberry / photocase.com
Heartbeatbox / photocase.com
leicagirl / photocase.com
aremac / photocase.com

SEITE 102:
ts-grafik.de / photocase.com
seifenbläschen / photocase.com
judigrafie / photocase.com
SirName / photocase.com
es.war.einmal.. / photocase.com
sylvi.bechle / photocase.com
dolphindance / photocase.com
lama-photography / photocase.com

SEITE 118:
3chili / photocase.com
YariK / photocase.com
tobeys / photocase.com
tobeys / photocase.com
akai / photocase.com
akai / photocase.com
trix13 / photocase.com
erdbeersüchtig / photocase.com

SEITE 138:
o-zero / photocase.com
secretgarden / photocase.com
jala / photocase.com
behrchen / photocase.com
complize / photocase.com
suze / photocase.com
golffoto / photocase.com
apl_d200 / photocase.com
Scraper / photocase.com
table / photocase.com
secretgarden / photocase.com
Gräfin. / photocase.com
.marqs / photocase.com
shellifish / photocase.com
Svea Anais Perrine. / photocase.com
waldmeister. / photocase.com